# EL CUIDADO DEL ACUARIO
Autor: Adolfo Pérez Agustí

Edita: **Ediciones Masters**
Fernán Caballero, 4-1º dcha.
28019 MADRID (Spain)
edicionesmasters@gmail.com
www.edicionesmasters.com

Tener un acuario en casa es poseer un trozo de la naturaleza marina, un mundo complejo en miniatura que nunca dejará de asombrarnos. Por ello, este hobby indica mucho sobre el carácter de sus dueños y cuidadores, pues dedicar tantas horas para conseguir que los pequeños peces vivan en armonía, estén bien alimentados y en cierto modo sean felices, no es tarea fácil y la mayoría de las personas prefieren emplear sus horas libres en asuntos puramente personales. ¿Qué conseguimos con cuidar con tanto esmero a seres diminutos que ni siquiera nos conceden la satisfacción de jugar con ellos? ¿Qué tipo de extraño placer proporciona a nuestro intelecto la contemplación del mundo marino en nuestro propio hogar?

Paradójicamente, muchos de los mejores aficionados a los acuarios caseros apenas saben nadar y ni siquiera demuestran un amor desmedido al mar ni a sus habitantes. Tampoco son obligatoriamente defensores de los derechos de los animales y, en ocasiones, hasta comparten esa afición con otras quizá menos plausibles como los toros o la caza. Las largas horas que emplean cuidando esos peces de vivos colores indudablemente les tienen que proporcionar algún beneficio psíquico, pues de otro modo no lo harían.

A mí entender, aunque puede que me equivoque, la mayor satisfacción estriba en haber creado un universo en miniatura, su propio cosmos, con sus ideas y habilidades, tan personal que no hay dos acuarios que se parezcan. Así, como si fueran dioses humanizados, la obra de su creación podrá ser mostrada a todos sus amigos y familiares, elevando su cabeza con orgullo cuando los neófitos se asombran por el complejo mundo que ahora ven, iluminado y lleno de vida.

# EL PRIMER ACUARIO

Si ya ha decidido emprender la apasionante y laboriosa tarea que supone crear un acuario, le recordamos que esos pequeños seres de colorines que se moverán nerviosos son peces, es decir, animales que están vivos y no deben de sufrir lo más mínimo por nuestra dejadez. Desde el momento en que hemos emprendido la labor de comprar un acuario y llenarlo de vida, estamos adquiriendo una responsabilidad hacia ellos, y por tanto debemos dedicarle una pequeña parte de nuestro tiempo para alimentarlos, limpiar el filtro, realizar cambios de agua, cuidar de que no enfermen, etc. A cambio, ellos nos deleitarán con un magnífico espectáculo visual que nos servirá como relax y estímulo al mismo tiempo, además de poder aprender muchas cosas sobre la conducta de estos pequeños seres.

**Consejos para la compra del acuario**

Antes de comprar el acuario debemos tener claro qué peces queremos introducir en él, ya que existen peces de agua salada y peces de agua dulce y dentro de estos dos, de agua caliente y de agua fría. De los primeros con respecto a los últimos, la única diferencia es que los acuarios para peces de agua caliente deben venir provistos de un calentador. Pero sin meternos en explicaciones más extensas yo os aconsejo que optéis por una acuario de agua dulce caliente, ya que es más fácil de mantener que uno marino y además la variedad de peces que podemos encontrar en las tiendas es mayor que el otro, y de más colorido que los de agua fría.

Otro consejo importante para la elección del acuario es el espacio del que vas a disponer en tu casa, ya que de ello dependerá las medidas del acuario que adquieras, aunque debes saber que un acuario con una capacidad (volumen) inferior a unos 40-50 litros nos dará más problemas (mayor crecimiento de algas y por tanto tener que limpiarlo en periodos de tiempo más cortos) que uno mayor, aunque en un principio pudiera parecer lo contrario.

El volumen nos lo indica el fabricante, pero sino fuera así para calcularlo se utiliza esta sencilla fórmula:

Volumen (litros) = ancho x alto x largo/1000.

## Tenga paciencia

Tener un tanque bien preparado no es difícil, ni implica necesariamente mucho trabajo, con tal de que usted use algo de sentido común. Estas pautas están en parte basadas en la ciencia y en parte en la experiencia de muchos aficionados que quieren aportar sus conocimientos sobre el arte de mantener los peces.

Comprar un tanque, prepararlo y llenarlo de peces todo en el mismo día, es un camino seguro al desastre. De hecho, preparar y abastecer su primer tanque totalmente le llevará cerca de dos meses. Un poco de prevención y algunos conocimientos le conducirán poco a poco al éxito.

Proporcionar un ambiente que minimice la tensión de los peces es la llave del éxito. Cuando se mezclan muchos peces sus sistemas inmunes se debilitan y se ponen más susceptibles para enfermar. Es más, la mayoría de las medicinas para peces no son muy útiles, no merecen la pena el dinero que se paga por ellas, y frecuentemente dañan más que hacen el bien.

### ¿Cómo lograr un éxito?

Un pez saludable que viva un tiempo largo, probablemente engendrará y tendrá pececitos. El éxito también implica tener un tanque de calidad que requiera poco mantenimiento, especialmente con un crecimiento controlado de las algas.

### ¿Qué peces son más adecuados según el tipo de agua?

Los peces que han sido criados en cautividad, en tanques artificiales, se desarrollan perfectamente en el agua de las ciudades. Si usted sabe que su agua es dura y alcalina escoja peces para este tipo de agua; si tiene agua suave, escoja peces de agua suave. Esto es especialmente importante si el agua está fuera del margen de 6.5-7.5 relativo al pH, pues cambiar la dureza natural (o el pH) de su agua supone un duro trabajo y puede ser que decida abandonar pronto su afición a los acuarios. Es más, los esfuerzos que se hacen para cambiar las características del agua a menudo son un inconveniente para los peces, peor que el agua misma original. Recuerde que la mejor manera de saber qué peces viven alegremente en su agua local es verificarlo en la tienda de su barrio.

**¿Y el tamaño de los peces?**

Cuando escoja sus peces debe seleccionarlos que sean compatibles entre sí, especialmente cuando sean adultos y hayan aumentado de tamaño. En los acuarios encontrará preferentemente peces pequeños de un tamaño medio de 2,5 cm. ¿Pero sabe cómo vivirán si alcanzan los 10 cm o más? El problema no estriba en alimentarles, ni tampoco en que dispongan del suficiente espacio para vivir, sino en que si hay peces pequeños se los terminen comiendo.

Los peces tienen requisitos mínimos en cuanto a espacio, pero todo depende de su tamaño y temperamento, siendo un pez adecuado aquel que logra vivir sin problemas en su acuario. Es importante que recuerde este principio básico: son los peces los que deben encajar en su acuario y no se rompa la cabeza buscando la solución inversa, un acuario que se acople a sus peces. Lo que debe procurar es que su acuario tenga todos los elementos necesarios, como piedras, gravilla, plantas, algo de madera, etc.

## Recomendaciones generales:

- A menudo, el mejor tratamiento para el pez enfermo es disminuir la tensión mediante cambios regulares de agua parciales, no sobrealimentándoles, verificando que el sistema de filtración funciona, dándoles bastante espacio para vivir, y poniéndoles con compañeros que sean compatibles.
- Entienda y respete el ciclo del nitrógeno. El amoniaco es producido por los peces, tanto por su respiración como por las materias fecales, éstas últimas transformadas posteriormente por bacterias que producen amoniaco, lo cual, a su vez, genera nitritos. Otras bacterias, llamadas Nitrobacterias, convierten estos nitritos en nitratos, resultado de la unión entre el amoniaco y el nitrito. Estos nitratos, en principio, no son tóxicos aunque pueden limitar su crecimiento, pero constituyen un alimento para las plantas.
- Los peces producen basuras tóxicas (amoniaco) que se deben convertir en otras menos dañinas mediante la colonia bacteriana de la gravilla del acuario. La mayoría de las muertes de los peces es ocasionada por los dueños novatos y es el resultado directo de no entender el ciclo del nitrógeno, algo completamente evitable. Los cambios parciales del agua consiguen

reducir la proporción de los niveles de nitratos.

- Realice el mantenimiento regular de su filtro y límpielo.
- Los filtros sucios tienen una eficacia reducida. En el caso de filtración biológica, un filtro obstruido será incapaz de quitar el exceso de amoniaco y producirá tensión en los peces y en el futuro su muerte. Los filtros biológicos a base de una placa filtrante hay que limpiarlos enjuagándolos suavemente con agua previamente filtrada. Como suelen ponerse fijos también se puede emplear una aspiradora adecuada.
- Una vez que el filtro está limpio hay que depurar igualmente el resto del agua.
- El agua del grifo suele contener productos químicos como cloro o cloramina, necesarios para que pueda ser consumida sin peligro por las personas. Estas substancias es posible que sean tóxicas para los peces o al menos les pueden debilitar y si la proporción de química es muy alta hasta puede ocasionar su muerte. Si no dispone de otra más adecuada antes de ponerla en el acuario déjela reposar un par de días y remuévala con frecuencia para airearla, lo que contribuirá a eliminar parte del cloro. También es posible que emplee algún agente que elimine el cloro y para ello pida información en su tienda de peces.

- La química básica del agua que usted debe aprender es el pH y la dureza. Por supuesto no necesita memorizar un cursillo acelerado de química, pero debe saber lo suficiente sobre las calidades del agua que emplea si quiere tener unos peces sanos. Cada ciudad y también cada vivienda tienen un tipo de agua diferente, y algunos peces no podrán sobrevivir en su agua. Lo mejor es que consulte a la tienda más próxima, puesto que es probable que ellos empleen el mismo agua y le puedan aconsejar con precisión. Si los peces los ha comprado allí, es seguro que no tendrá problemas con el agua de su casa.

- El pH lo podrá comprobar mediante unos discos de color calibrados que se acoplan a un recipiente que contiene una muestra del agua a emplear.

- El pH puede cambiar con rapidez y causar daño a los peces, pues el agua del tanque tiene una tendencia natural a volverse ácida por la producción de ácido nítrico (nitratos) del ciclo del nitrógeno.

- La dureza del agua se debe a las sales de calcio y magnesio y puede ser temporal o permanente. Si es temporal se elimina hirviendo el agua, mientras que la permanente exige emplear medios químicos o destilarla. Un método muy común para suavizarla consiste en añadir agua de lluvia, mientras que si es blanda puede ser aconsejable emplear agua del grifo.

- Evite agregar productos químicos que bajen el pH. Tales productos frecuentemente tienen efectos indeseables, como por ejemplo, estimulan el crecimiento de las algas. Es más, en la mayoría de los casos y a pesar de lo que digan algunas tiendas, el pH de agua no necesita ser ajustado para hacerlo más perfecto para una especie particular de pez. Si el pH de su agua está entre 6.5 y 7.5, simplemente está bien para la mayoría de los peces.

- Como solución final, lo mejor es escoger los peces adecuados para su agua, no al revés.

# INSTALACIÓN

**Antes que nada, infórmese bien**

**¿Cuánto tiempo y esfuerzo deberá dedicar a cuidar su acuario?**
Un tanque de 60 cm de largo, 30 de ancho y 30 de profundidad, requiere al menos que le dedique aproximadamente 30 minutos cada dos semanas para cambiar parcialmente el agua, limpiarlo, etc. Si esto es demasiado tiempo para usted, no se dedique a esta afición. Además de ello, también tendrá que dedicar una vez o dos veces unos minutos al día para alimentar a sus peces, encender las luces, etc.

**Advertencia:** muchas personas gastan mucho más tiempo mirando a su acuario y a sus habitantes simplemente que a cuidarles.

Debe prepararse a pasarse varias horas investigando lo que será su nuevo pasatiempo antes de que haga su primera compra. Una vez que ya tiene tomada la decisión de comprarlo, las cosas serán más fáciles. Vaya a recorrer algunas tiendas hasta encontrar una que le parezca un lugar honrado. Visite algunas de nuevo más veces y consiga libros para aficionados, como éste que ya ha comprado.
La mayoría de las personas que se frustran con los acuarios es porque cometieron algunos errores que podrían haber evitado fácilmente. La manera de

evitar esos errores es aprender lo más fundamental (ejemplo; el ciclo del nitrógeno) antes de que ponga algún pez en su tanque. Hay pocas cosas que perturben más que leer frenéticamente un manual sobre acuarios cuando ya se tienen varios peces nadando en sus aguas y a punto de morirse.

**Recuerde:** la mayoría de los problemas del acuario son fáciles de prevenir, pero duros de resolver una vez declarados.

Para empezar este hobby es necesario primero definir el tamaño de nuestro acuario. Es fundamental saber cuántos litros de capacidad va a tener nuestro ideal ya que, dependiendo de esto, podemos estimar nuestros gastos en productos, alimento, cantidad de peces que podemos colocar y la cantidad mínima de plantas naturales que necesita.

Si este es su primer acuario lo ideal es comenzar con uno no muy grande, debido a que si es muy grande y tiene alguna enfermedad dentro de él o algún otro problema tendrá que gastar mucho dinero en productos para solucionarlo. Por otro lado, tendrá que invertir algo más en equipos para que su sistema o ecosistema funcione bien. Además tampoco recomiendo un acuario muy chico, ya que mientras más pequeño es un acuario menos estable es el sistema, lo que se traduce en que cualquier problema afectará mayormente a los peces. El ideal es iniciar un acuario de alrededor de 100 litros, lo cual permite combinar un número adecuado de peces, plantas y lograr una bonita decoración a un precio razonable. Finalmente, si se transforma en un fanático de los acuarios podrá agrandarlo todo lo que quiera.

Si piensa armar un acuario eligiendo sus propias medidas, recomiendo que considere no hacer un acuario más alto de 60 cm debido a que cuesta más que la luz llegue a las plantas de fondo (algunas plantas no son adecuadas para todos los acuarios), o tendrá que invertir en iluminación especial. Si son muy altos será más incómodo realizar trabajos de sifoneo, plantación, poda, enterrar las pastillas fertilizantes, decorar, etc., y además, mientras más alto mayor es el grosor de vidrio que se necesita para que este resista la presión de la columna de agua (y por lo tanto es más caro).

En cuanto a la profundidad del acuario el ideal es que sea sobre los 40 cm, pues esto nos permite jugar con terrazas, elementos con troncos y plantas, y efectos mucho más hermosos.

Y respecto al largo eso depende de cada uno y de cuánto se desee gastar en este hobby. Es preferible tener un acuario más pequeño pero que se vea bonito y se encuentre bien mantenido, a tener un acuario muy grande y que finalmente quede pronto apartado por falta de presupuesto o porque requiere de más tiempo para lograr el óptimo.

| Para calcular los litros de su acuario |
| --- |
| Litros= [Largo (cm) x Ancho (cm) x Alto (cm)] / 1000 |

## El tanque de agua

Podrá encontrar los tanques de muchas formas y tamaños, pero hay sólo dos tipos: vidrio y acrílico. Usted podrá elegir en función de las características que a continuación le apuntamos:

| Vidrio | Acrílico |
| --- | --- |
| Más barato | Más caro |
| Duro de arañar | Se araña más fácilmente (ejemplo: las algas raspan como hoja de afeitar) |
| Los arañazos permanecen | Los arañazos pueden hacerse desaparecer dándole brillo por fuera (sin embargo, no es fácil) |
| Índice más alto de refracción | Índice más bajo (el tanque distorsiona menos cuando es visto desde un ángulo) |
| Aún el tanque vacío pesa bastante | El mismo tamaño de tanque pesa menos (vacío) |
| La posición del tanque sólo necesita bordes de apoyo | La posición especial necesita un buen apoyo |

| Se rompe más fácilmente | Más duro de romper |
| --- | --- |

El tamaño y forma del tanque dependen completamente de usted. Sin embargo, tenga presente lo siguiente:

Contrariamente a las primeras impresiones, los tanques mayores no dan necesariamente más trabajo que los más pequeños. En particular, es más fácil conservar el agua estable en tanques más grandes que en los pequeños (al menos el agua, pues es más fácil un cambio químico pequeño que conseguir un cambio grande).

Mucho del trabajo de mantenimiento regular no requiere una proporción directa a su tamaño. Por ejemplo, un cambio de agua parcial en un tanque mayor puede requerir solamente un cubo de agua más que uno pequeño. Eso no se traduce en el doble de trabajo, puesto que todos los preliminares, cubo, sifón, etc., son iguales independientemente del tamaño.

Es muy común en las personas que realmente gustan de tener un acuario querer agregar más peces, pro solamente un tanque más grande puede admitir más peces. Además, el número de peces que un tanque puede albergar seguramente no sólo depende del volumen del tanque, también de su forma. Por ejemplo, algunos peces permanecen toda su vida cerca del fondo, por lo que doblando el volumen de un tanque en altura no le permitirá disponer de más fondo para esos peces. El área de la superficie es más importante que el volumen para determinar cuántos peces puede admitir su tanque.

**Por término medio:**

Un tanque de 60x30x30 cm dispone de un volumen de 54,5 con un peso de agua de 54,3 kg. Necesitará un calentador de 150 W de potencia.

Antes de preparar el acuario (sobre todo si el tanque es usado), verifique la posibilidad de que tenga goteras. Llénelo de agua hasta el borde y déjelo así durante una semana. Una gotera en su superficie es un problema pequeño cuando aún no hay nada dentro, pero importante si está ya todo instalado. Si hay fugas emplee sellador de silicona especial para acuarios, pues los que se emplean para los baños pueden contener fungicidas tóxicos para los peces.
Para limpiar el tanque, nunca use jabones o detergentes; emplee agua y nada más. Si usted quiere esterilizar el tanque, lave todo con una solución muy diluida de esterilizante, enjuague bien todo con agua limpia, y ponga en remojo aquellas partes sólidas que requieran más tiempo. La arena gruesa puede esterilizarse hirviéndola.

# Consejos para la ubicación del acuario

En cuanto a la ubicación ésta debe de ser un sitio en el cual no reciba el sol directamente durante varias horas, ya que esto elevaría la temperatura considerablemente; si no le da el sol esto no debe preocuparnos, ya que la iluminación que trae consigo actúa como un sol artificial

Otro aspecto importante respecto a la ubicación es que si piensa situarlo en su habitación o en otra donde duerma alguien, debe saber que el filtro hará un ligero ruido y si el filtro es accionado por un compresor será aún mayor. Recuerde que este insignificante ruido que le puede parecer soportable por el día, al llegar la noche si su sueño es ligero puede parecer atronador, así que si pensaba instalarlo en su dormitorio y tiene el sueño ligero pruebe a escuchar el acuario en funcionamiento antes de comprarlo; de todas maneras, hay mucha gente que tiene instalado el acuario en su habitación y duermen perfectamente. La monotonía del ruido suele provoca sueños profundos.

También es importante el tamaño del acuario, ya que si queremos adquirir uno de gran tamaño debemos de saber que el peso es proporcional al volumen y algunos pisos no están preparados para soportar pesos elevados; por ejemplo, un acuario de 400-500 litros pesará más de media tonelada y esto en un espacio muy reducido (menos de 1 metro cuadrado) ocasiona una gran presión por cm ½.

## Lo que es esencial y lo que no lo es

Las cosas de acuario habituales están disponibles en las tiendas para mascotas. Algunas son esenciales, otras sólo son útiles para aplicaciones especializadas, y algunas son completamente inútiles, aunque probablemente la tienda le dirá que no lo son. La lista de comprobación siguiente muestra los artículos que quizá serán útiles para usted:

- Un tanque totalmente de vidrio o acrílico de una sola pieza. Poca altura y gran longitud para que se produzca un buen intercambio gaseoso con la atmósfera.
- Calentadores de vidrio sumergibles y resistentes al calor, con termostato incluido. Si su tanque es muy grande posiblemente necesite dos calentadores. Uno solo produciría demasiada temperatura en el lugar de su instalación.
- Un termómetro de cuadrante instalado dentro del acuario
- Iluminación fluorescente. Hay que poner un vidrio a modo de tapa entre el foco de luz y el agua. Las bombillas normales, de tungsteno, pueden calentar demasiado la superficie del agua y requieren ventilación.
- Demasiada luz produce un aumento de las algas. Se puede mitigar poniendo una cubierta de plantas flotantes.

- Elija un filtro que controle el pH y la dureza del agua. Existen filtros mecánicos, químicos, biológicos y accionados por electricidad, así como internos o externos. Deberá tener en cuenta el tipo de peces que vaya a instalar y el cuidado que esté dispuesto a efectuar periódicamente antes de elegir el filtro adecuado.
- Un compresor para que aumente la cantidad de oxígeno del agua. Esto disminuye la cantidad de dióxido de carbono y permite tener más peces juntos.
- Escoja plantas adecuadas, no solamente decorativas. Las plantas reducen el dióxido de carbono mientras reciben luz, dan cobijo y sombra, permiten esconderse a los peces, son el lugar necesario para el desove y proporcionan un aspecto más natural al acuario. Las plantas pueden ser de raíz, flotantes y también como esquejes.
- Debajo de la gravilla se recomienda poner una capa de carbón de turba o de barro en saquitos, para evitar que los peces remuevan al cavar en la gravilla.
- Para decorarlo necesitará pequeñas piedras y rocas que estén de acuerdo con la gravilla. Nunca hay que emplear rocas que tengan componentes solubles. Tampoco deberá poner ramas de coral muerto puesto que su contenido calcáreo perjudica la química del agua dulce.

- La gravilla ideal debe tener una medida de 3 mm y ser de color oscuro.
- También es atractivo incluir troncos y raíces retorcidas que encontrará en pantanos y bosques, pero deberán estar totalmente secos. Otros materiales adecuados son el corcho, plantas artificiales, galeones en miniatura o bellas sirenas.

# CUIDADOS ELEMENTALES

El mantenimiento de un acuario no es un tema muy complicado si somos constantes y realizamos todas las labores cuando corresponden.

## Cuidados diarios

*Encendido y apagado de las luces*: la luz del acuario debe estar prendida entre 10-12 horas, y en lo posible encendiendo y apagando la luz en el mismo horario todos los días. Para facilitar esta tarea es recomendable usar un Timmer.

*Revisar la temperatura:* actualmente con los termo-calefactores que existen en el mercado, mantener la temperatura en el rango ideal es muy fácil. La labor sería revisar la temperatura una vez al día para verificar si no se ha echado a perder el termo calefactor.

*Revisar si los filtros o la bomba de aire funcionan bien.* Un mal funcionamiento del filtro o de la bomba de aire puede traer problemas tanto a los peces como para las bacterias nitrificantes (estas últimas necesitan oxigenación constante para no morir).

*Alimentar a los peces 2-3 veces por día:* esto se debe hacer en una pequeña cantidad cada vez y con repetición para que los peces sean capaces de comer la comida en un breve período de tiempo y no caiga al fondo.

**Cuidados semanales**

*Cambio de agua:* para mantener la calidad del agua de tu acuario el ideal es realizar cambios parciales semanales correspondientes al 20%. Para realizar esta labor es recomendable la utilización de un sifón, el cual te permite ir sacando el agua del acuario al mismo tiempo que facilita limpiar la mugre que se acumula en el fondo.

Al llenar nuevamente el acuario es sumamente importante que utilices los productos que eliminan el cloro del agua y que ayuden a proteger la mucosa de los peces. El agua que agregues debe estar a la misma temperatura que la que tiene el acuario, para así evitar problemas a tus peces y plantas.

*Test de Agua:* Es muy bueno mantener las condiciones del agua, por eso es importante medir nitritos, Ph, Kh y Gh una vez a la semana.

**Cuidados según las necesidades**

*Tareas de limpieza:* es importante retirar las hojas feas o en malas condiciones, realizar podas siempre y cuando sea necesario y por último retirar las algas del cristal.

*Cambio de los tubos de iluminación:* los tubos deben ser cambiados cada 6 meses, aún cuando estos funcionen. Si el acuario posee más de un tubo se recomienda cambiar uno primero y un tiempo después cambiar el otro, evitando así un cambio brusco en la intensidad de la iluminación.

## ELEMENTOS A INSTALAR

### La calefacción

Sólo si el acuario es de agua caliente. El calentador consta de una resistencia enrollada que al paso de la corriente se calienta; lógicamente esta resistencia debe de estar protegida del agua para evitar cortocircuitos y normalmente esta protección se realiza recubriéndola de vidrio. Los calentadores hoy en día vienen provistos de un termostato (dispositivo que sobrepasada una cierta temperatura desconecta el calentador, y que sirve para mantener el agua del acuario a una determinada temperatura), ya que si no calentaríamos el agua indefinidamente. Es importante que el calentador no lo situemos debajo de la tierra o cerca de una corriente de agua (salida de filtros, difusores, etc.).

### La aireación

Se realiza a través de un compresor que conectado mediante tubos de plástico a uno o varios difusores introducen el aire en el agua. Al contrario de lo que muchos piensan, no es un artefacto imprescindible en el acuario, ya que la función es facilitar el intercambio de anhídrido de carbono ($CO_2$) y oxígeno ($O_2$) entre el agua y el exterior (desprendimiento de $CO_2$ e introducción de $O_2$). Este intercambio se realiza, no por las pequeñas burbujas que produce, sino por un movimiento del agua de la superficie. Su función es facilitar este movimiento que en realidad es el responsable de la oxigenación del agua, aunque para ello normalmente es suficiente con el filtro y el movimiento de los peces.

## LOS FILTROS

Son muy numerosos y variados los distintos tipos de filtros que existen en nuestros días, y no sólo por su colocación y funcionamiento, sino también por el mecanismo que utilizan para el filtrado (químico, mecánico y biológico).

*Filtros interiores:* Funcionan igual que los exteriores, con la salvedad de que algunos modelos no permiten la adición de carbón activado. Como su nombre indica van alojados en el interior del acuario, lo que dificulta su limpieza. En este caso, si el acuario es de más de 80 litros lo mejor es acompañarlo de un filtro biológico.

*Filtros de suelo o biológicos:* El procedimiento de filtrado es totalmente distinto a los dos anteriores, y en este caso el filtro se coloca en el interior del acuario debajo de la tierra. No tiene material filtrante, sino que es la propia tierra la que se utiliza para ello al hacer pasar una corriente de aire a través de ella, lo que origina una colonia de bacterias que se alimenta de los deshechos de los peces transformándolos en nutrientes para las plantas. En algunos casos este tipo de filtrado se combina con alguno de los dos anteriores.

El problema es que al ir alojado en el interior de la tierra su limpieza supone graves problemas con la decoración y las plantas del acuario. Es un filtro que se utiliza como complemento con alguno de los anteriores y es adecuado su uso en solitario en acuarios de hasta 40 litros.

*Filtro de esquina:* Por décadas, los aficionados han logrado mantener con éxito peces saludables y felices con el uso de este filtro de esquina. Típicamente, es una caja de plástico transparente que se ubica dentro del acuario. Mediante el uso de una piedra aireadora dentro de un tubo delgado se fuerza al agua a pasar a través de un medio filtrante que retiene las partículas y donde, además, se alojan las colonias de bacterias. Es muy importante que este medio filtrante sea cambiado o lavado sólo parcialmente para no perder toda la colonia bacteriana que ahí se forme. Hoy en día su uso ha decaído ya que su aspecto es poco atractivo, ocupa espacio dentro del acuario y requiere de un poco más de manutención que otros filtros.

Otro uso que se le da al filtro de esquina es para ser ocupado en un acuario de cuarentena. Si necesitas armar un segundo acuario con rapidez, hay que tomar la arena del acuario establecido y colocarla en el filtro de esquina e inmediatamente tendrá funcionando un filtro biológico.

*Filtro de Placa:* Las tiendas de acuario venden generalmente filtros de placa que se usa bajo la arena del acuario, algo que es del agrado de los principiantes porque son muy baratos y trabajan bien con el paso del tiempo. Los filtros de placa funcionan haciendo pasar el agua del acuario a través de la gravilla o arena que se ocupa en el acuario. El agua puede ser bombeada mediante el uso de una bomba de aire o un cabezal o power-head, lo que genera la succión a través de un tubo plástico que va unido a la placa, punto por donde sale el agua succionada.

Los filtros de fondo son buenos filtros biológicos, ya que el lento paso del agua a través de la gravilla permite el crecimiento de colonias bacterianas benéficas que neutralizan el amoniaco tóxico. El punto negativo de este tipo de filtros es que es un horrible filtro mecánico, pues los desechos sólidos de los peces son llevados hacia la gravilla, donde queda atrapada. Esto provoca una gran suciedad que se transforma en un riesgo para la salud de los peces.

Una solución parcial para este dilema es el uso del power-head en reversa, lo que permite mandar el agua a través de la gravilla. En la toma o entrada del power-head se puede colocar una esponja para que funcione como un prefiltro y capte todos los desechos sólidos que floten en el acuario, pero es una solución parcial. Si se decide usar este tipo de filtro, será necesario el uso de una aspiradora o sifón para mantener el fondo. Si se limpia regularmente el fondo cada vez que se hace mantenimiento al acuario, este sistema es muy efectivo y económico en acuarios de agua dulce y para acuarios marinos poco poblados y sólo para peces. Sin embargo, si está pensando en un hermoso acuario de plantas, lo ideal es optar por otro sistema de filtrado para no limitar el crecimiento de las plantas y poder instalar un sustrato preparado.

*Filtro de Esponja:* Los filtros de esponja son un tipo de filtración biológica eficiente y barata. El agua es forzada a pasar a través de los poros de la esponja usando un power-head o una bomba de aire, lo que permite el establecimiento de colonias de bacterias benéficas que neutralizan el amoniaco. Hay un modelo de filtro de esponja doble que es ideal, pues hace que hace que se limpien las esponjas una por vez disminuyendo la perdida de colonia bacteriana. También permite que una de las esponjas pueda ser transferida a un nuevo acuario y entregarle una colonia de bacterias beneficiosas, saltándose el ciclo inicial del nuevo acuario.

*Filtros exteriores o de mochila:* Están alojados en el exterior del acuario y extraen el agua del mismo haciéndola pasar por un material filtrante que retiene las partículas alojadas en el agua (filtrado mecánico). En esta materia filtrante con el tiempo se produce la colonia bacteriana que es la encargada de transformar los desechos en nutrientes para las plantas (filtrado biológico), y acto seguido el agua pasa por un material que elimina los deshechos de los peces. Este material suele ser carbón activado o filtrado químico, aunque en algunos casos se sitúan otros tipos de materiales para eliminar sustancias tóxicas como puede ser el amoniaco (NH3). Después de todos estos procesos el agua se devuelve al acuario, ahora más limpia y cristalina. Este filtro está recomendado en acuarios de 40-80 litros y resulta imprescindible en acuarios de más de 100 litros.

Muchas personas están de acuerdo en que estos filtros son mucho más fáciles de mantener y pueden ser tan económicos como un filtro de placa. Hay muchos estilos de este tipo de filtro, pero los más comunes son los que se cuelgan en la parte trasera del acuario. A través de un tubo tipo sifón se succiona el agua del acuario, la cual ingresa a la caja del filtro por donde es forzada a pasar a través de un filtro mecánico (típicamente una esponja de espuma porosa).

La esponja es fácilmente inspeccionada para remover la suciedad, algo que hay que realizar regularmente para que las partículas sólidas capturadas por ella no se disuelvan y retornen al agua. Es muy importante evitar el uso de detergentes al lavar la esponja, ya que esto mataría la colonia de bacterias, al igual que el agua muy fría o muy caliente. Una forma segura y fácil de lavar la esponja es hacerlo en agua sacada del acuario cuando se realiza la limpieza del acuario, la cual puede ser colocada en un balde.

***Filtro de Botella (Canister filter):*** Estos filtros son similares a los que se colocan en la parte posterior del acuario, pero la diferencia esencial radica en que los filtros tipo canasto o Canister están diseñados para generar más filtración mecánica. Típicamente, el agua es bombeada a una presión moderada a través de un material filtrante, lo que hace que sea especialmente útil en acuarios donde existe una gran cantidad de peces desordenados que generan una gran cantidad de desechos. Para que estos filtros sean efectivos es necesario que sean limpiados regularmente, con el fin de evitar la descomposición de los desechos.

Estos filtros usualmente son puestos en el suelo cerca del acuario, pero también pueden colgar del acuario y algunos modelos incluso suelen ir dentro del acuario, y en este caso se conocen con el nombre de filtro sumergible.

***Filtros Seco-Húmedo (Wet/Dry Filters):*** Los filtros seco-húmedo funcionan por el principio que un medio bien oxigenado permite el establecimiento de una colonia de bacterias beneficiosas que neutralizan el amoniaco. Mediante el escurrimiento sobre esferas plásticas no sumergidas u otro medio, estos filtros generan una gran área aire-agua. Existen de gran cantidad de formas y tamaños, y se cree que el boom y éxito de los acuarios salados en la década de los 80 se debió al uso de este tipo de filtro.

*Skimmer (Protein skimmers): Los* skimmers fueron desarrollados inicialmente para plantas de tratamiento de desecho industrial, pues tienen la habilidad de remover los desechos orgánicos antes de que se descompongan. El funcionamiento de este sistema se basa en que los químicos orgánicos son atraídos a la superficie de las burbujas que pasan en gran número a través de la columna de agua formando una espuma. La espuma que se forma es eliminada del agua, y al mismo tiempo se remueven los deshechos orgánicos, aunque este proceso funciona sólo en aguas con un Ph alto y salinidad, y como resultado son usados principalmente en acuarios marinos.
Un tipo de arte en sistemas de arrecife es el uso de skimmer junto con roca viva sin el uso de un filtro seco-húmedo. Este arte es conocido como el "método Berlin".

*Filtro de lecho fluido (Fluidized bed filters):* Recientemente, algunos profesionales han asegurado haber tenido éxito con un nuevo tipo de filtro que usa una cama fluida de arena. Este filtro es similar en principio al sistema de de placa inverso, pero el flujo de agua es mucho mayor lo que permite que la gravilla o arena se mantenga libre de desechos, y al mismo tiempo permite el establecimiento de colonias bacterianas beneficiosas para nuestro ecosistema.

La parte negativa es que es posible que ocasione escasez de oxígeno y pudrición de los desechos.

**Desnitrificador (Denitrators):** Este filtro es especial para ayudar en el control de la acumulación de los nitratos y los productos finales de la neutralización del amoniaco por parte de las bacterias. Se ha descubierto que las colonias de bacterias que se desarrollan en ambientes pobres de oxígeno pueden ser obligadas a consumir nitratos y producir nitrógeno en forma de gas.

**Algal Scrubbers:** Es un tipo de filtro que utiliza alga viva para realizar la filtración. El agua pasa sobre una malla metálica bajo luz brillante que favorece su establecimiento, lo que remueve parte de la polución presente en el agua. Este es un tipo de filtración empleado también para acuarios de arrecife y grandes ecosistemas marinos, y algunos creen que es una solución completa a la filtración, aunque otros alegan que no es tan buen sistema.

**Chillers (enfriador):** No es un filtro propiamente dicho, pues se emplea para disminuir la temperatura del acuario. Los altos requerimientos de luz en los acuarios de arrecife generan un exceso de calor y el uso de algún tipo de ventilador en la zona de los tubos puede ayudar a disminuir la temperatura. Las bombas sumergibles son una fuente de calor no deseado, por lo que los acuaristas de arrecife no las prefieren para evitar la transferencia de calor de estas al agua.

Un método reconocido para controlar el calor es el efecto natural de enfriamiento por la evaporación en los filtros seco-húmedo, a través de la corriente de aire sobre la superficie del acuario. De todas formas, el frío adicional es necesario, en especial en países más cálidos. Esto se logra con el uso de unidades de refrigeración de "freón", muy similares a los refrigeradores caseros. Son muy caros y no muchas personas han tenido éxito en la fabricación de estos enfriadores.

### Sistemas de filtración

*Filtración Biológica:* La filtración biológica es el término usado para el crecimiento de la bacteria que neutraliza el amoniaco. Esto es muy importante para la salud de su acuario, por lo que deberíamos ver más cerca cómo funciona este sistema y aunque otro tipo de desechos también pueden causar problemas, los cambios parciales de agua regularmente son suficientes para controlar estos problemas.

La Madre Naturaleza nos entrega varios tipos de bacteria que transforman el amoniaco en componentes menos tóxicos, nitrito y nitrato. Esas bacterias no son dañinas y se encuentran en abundancia en la naturaleza, tan comunes que no es necesario que las echemos en nuestro acuario, la naturaleza lo hace por nosotros. En presencia de amoniaco y oxígeno esta bacteria se reproduce naturalmente, fijándose al acuario, rocas, arena, y decoración, requiriendo solamente:

Una superficie a la cual adherirse
Amoniaco como alimento
Agua rica en oxígeno

Actualmente si limitas la cantidad de peces a la capacidad de una filtración biológica, podría no necesitar un filtro biológico, aunque habitualmente no puede mantenerse una gran cantidad de peces con un filtrado biológico.
En las décadas pasadas, se inventaron gran cantidad de filtros biológicos que aumentaban bastamente la capacidad de la colonia bacteriana y, en esencia, todos esos tipos de filtros biológicos agregaron superficie para la adherencia de la bacteria y aumentaron la cantidad de oxígeno en el agua.

*Filtración Mecánica:* Recuerde que el amoniaco viene de los desechos de los peces y los restos de comida y si fuese posible eliminar mecánicamente esos desechos antes de que tengan posibilidad de degradarse, uno estaría un paso adelante en el juego.
La filtración mecánica consiste en la extracción de las partículas sólidas del agua de nuestro acuario, aunque no elimina directamente el amoniaco, las bacterias ni las algas del agua, ni tampoco los sólidos atrapados por la arena, plantas o decorado. Será necesario, por tanto, otro método para eliminar los desperdicios sólidos del acuario, siendo uno de los más simples el uso de una aspiradora o un sifón como parte de los cambios

regulares de agua. Algunas personas instalan bombas de circulación, conocidos como hacedores de olas, para atrapar los desechos mecánicamente.

Otro filtro mecánico popular es el de esponja, con pequeñas aberturas para capturar la mayor cantidad de partículas finas, aunque se tapa más rápido. Una superficie mayor se tapará más lentamente, pero en la medida que el filtro se vaya ensuciando éste irá atrapando partículas cada vez más pequeñas, llegando hasta el punto final en que no pasará más agua.

***Filtración Química:*** La filtración química es la eliminación de los desechos disueltos en el agua del acuario, los cuales existen a nivel molecular y que se dividen en dos categorías, polares y no polares. El método más común de filtración química es el método que en la cual se filtra agua a través de carbón activado, que trabaja mejor en las partículas no polares (pero también elimina moléculas), mientras que el otro método consiste en el uso de un eliminador de proteínas para quitar la suciedad polar.

El carbón activado granular (GAC) es manufacturado a partir del típico carbón mediante un proceso de calentado a alta temperatura en presencia de vapor de agua. Este proceso produce el desarrollo de gran cantidad de pequeños poros, los que capturan las pequeñas partículas no polares de los desechos a nivel molecular. Por adsorción y cambio de iones remueve metales pesados y moléculas orgánicas, precisamente las causantes de colores y olores indeseados.

El mejor carbón activado para filtros de acuario está hecho de carbón de piedra, tiene macroporos, es liviano y flota cuando se le coloca en el agua. El beneficio potencial es tan grande que conviene mantener su uso, especialmente si su preocupación son los elementos traza.

El GAC debe ser renovado periódicamente, pues no puede ser rejuvenecido fuera de un laboratorio, aunque afortunadamente es barato. Siempre hay que lavar el carbón antes de usarlo para remover el polvillo y se recomienda 1/2 cucharada cada 75 litros de agua, reemplazándolo mensualmente.

Otro sistema es el elaborado a base de arcilla de zeolita y posee la cualidad de remover el amoniaco del agua, siendo bueno por cortos períodos y para acuarios nuevos.

**¿Por qué necesitamos la filtración?**

Algunas veces olvidamos que los peces que se mantienen en el acuario están confinados a una pequeña cantidad de agua en comparación con su hábitat natural. En la naturaleza todos los desechos de los peces se diluyen inmediatamente, pero en el acuario pueden elevarse a niveles tóxicos. Estos productos incluyen el amoniaco liberado por los peces o del alimento no consumido, y aunque la cantidad de comida y los desechos de los peces pueden eventualmente disminuir, aún así pequeñas cantidades de amoniaco podrían matar a los peces.

Obviamente, mientras mayor cantidad de desecho de los peces más rápido y mayor problema se tendrá con el amoniaco, por lo que un pequeño acuario alimentado fuertemente y que posea un montón de grandes peces, tendrá mucho más amoniaco que un gran acuario con un solo pez. Sin embargo, incluso en este caso es necesaria la filtración para controlar el tóxico amoniaco. Algunos aficionados tratan de controlar los niveles de amoniaco solamente con cambios de agua pero aunque esto ayuda, es impráctico por la frecuencia y el tamaño de los cambios requeridos.

Afortunadamente, existe una manera fácil ya que el mundo está lleno de bacterias que lo único que desean es consumir el amoniaco y convertirlo en una sustancia menos tóxica. Hay quien opina que este proceso ocurre sin su conocimiento o ayuda, pero si usted es inteligente aprenderá cómo sacar ventaja de esta bacteria beneficiosa aumentando el número de ellas en su acuario.

Cuando uno comienza un nuevo acuario, las colonias de bacterias aún no han tenido la posibilidad de crecer y pasarán un par de semanas al menos antes de que el número de ellas sea el adecuado, y por lo tanto será muy peligroso colocar peces antes. Hay que aumentar gradualmente el nivel de amoniaco (comenzando con uno o dos peces al comienzo) para dar tiempo a que las bacterias se desarrollen. Esto se llama "maduración del acuario".

Hay que recordar que las bacterias transforman el amoniaco en 2 sustancias (primero nitrito y luego en nitrato) que son menos tóxicos y aunque muchos peces pueden tolerar razonablemente altos niveles de nitratos, con el tiempo se pueden acumular hasta ser tóxico también. Como los nitratos son un fertilizante, una acumulación alta de nitritos puede favorecer el crecimiento excesivo de algas.

# El DIÓXIDO DE CARBONO ($CO_2$) EN LOS ACUARIOS

Todos deben saber que las plantas verdes consumen dióxido de carbono (CO2), pues sin ello no pueden asimilar los nutrientes requeridos y formar su estructura. Las plantas obtienen el CO2 del aire y del agua, pero en el agua es principalmente un producto de la descomposición de la materia orgánica por parte de las bacterias. En el acuario la cantidad de CO2 que emiten los peces producto de su respiración es limitado y es rápidamente usado por las plantas, lo que origina que el agua tenga un pH alto (alcalino). Conseguir la suficiente cantidad de CO2 al ecosistema de nuestro acuario es la primera labor de un acuarista y el desafío es mantener un balance natural entre el requerimiento de los peces y las plantas.

Durante el tiempo que las plantas están expuestas a la luz, el CO2 es absorbido y el O2 expulsado, entrando los gases a la planta principalmente por las hojas. El dióxido de carbono (CO2) y el agua químicamente se combinan con la clorofila dentro de la planta para formar azúcar, la cual es convertida en almidón, siendo el oxígeno un producto que se elimina.

La luz del acuario es muy importante para la clorofila, la sustancia que absorbe la luz para crear el proceso de fotosíntesis y que hace que las plantas absorban más nutrientes durante este proceso. Hay una forma simple de ver si las plantas están realizando esa labor o no y es inyectando CO2 en el acuario. Al cabo de dos horas deberían verse pequeñas burbujas formándose en las hojas, signo de que la fotosíntesis se está llevando a cabo.

El nivel de $CO_2$ en el agua puede ser determinado midiendo el nivel de pH, pues si cae bajo el nivel neutro (7), quiere decir que hay demasiado $CO_2$ en el agua, y el agua está ácida. Si este sube sobre 7, entonces es insuficiente la cantidad de $CO_2$, y el agua es alcalina. Si por ejemplo, existe una gran cantidad de bacterias en el sustrato ya maduro o en el material filtrante, el pH podría caer, siendo señal de la respiración de las bacterias o la descomposición de los bionitritos. Si la caída en el pH es producto de la respiración de las bacterias, es bueno aumentar la cantidad de $CO_2$, pero si es producido por el incremento de los nitritos es mejor añadir más agua al acuario.

Las cantidades de $CO_2$ agregadas generalmente se presentan en las primeras etapas del acuario, antes de su maduración. Cuando un montón de bacterias están disponibles en un acuario maduro, las plantas pueden vivir con el $CO_2$ generado por las bacterias, siempre y cuando las especies y su número sea el adecuado. Para saber cuánto $CO_2$ están consumiendo las plantas, es bueno comparar los niveles de pH entre la mañana y la tarde. El pH debería estar a niveles bajos antes de que se encienda la luz, después que los peces han respirado oxígeno toda la noche y eliminado $CO_2$, y los niveles más altos en la tarde, ya que las plantas han estado respirando $CO_2$ y eliminando oxígeno. Mientras mayor sea la diferencia entre ambos, mayor es el consumo de $CO_2$.

Existen alternativas para agregarle $CO_2$ a nuestro sistema, por lo que veremos la alternativa de la inyección de $CO_2$ con cilindro a presión y la opción casera:

**Inyección de $CO_2$ con cilindro a presión**

La forma ideal de suministrar $CO_2$ al acuario es por medio de cilindros a presión, alternativa que hoy en día no es tan cara como se piensa. La inversión inicial es la más cara, pero luego de esto el costo mensual asociado no es elevado considerando las ventajas que obtendremos

La inyección de $CO_2$ con cilindros de presión necesita de varios elementos:

**Cilindro:** existen de distintos tamaños y capacidades; dependiendo de esto y otros factores así será el tiempo de duración del contenido.

**Manoreductor:** este aparato está encargado de regular la presión de salida desde el cilindro. El ideal es instalar uno con doble manómetro, donde el primero indica la presión dentro del cilindro y el segundo la presión a la cual está saliendo el gas.

**Válvula selenoide:** esta válvula funciona conectada a un timmer; durante el día permite el flujo de $CO_2$ y cuando se apaga la luz se cierra frenando el flujo. No es una pieza fundamental pero nos ayuda a ahorrar $CO_2$.

**Cuenta gotas:** este aparato nos permitirá ver el flujo de $CO_2$ en nuestro sistema y regularlo, sobre todo si montamos un sistema de control manual, el cual nos permitirá fijar el número de burbujas por minuto a suministrar.

**Válvula anti-retorno:** esta válvula es importante, ya que impide que el agua del acuario retroceda y llegue hasta nuestros implementos.

**Reactor:** este aparato se encarga de disolver el $CO_2$ con el agua a la velocidad requerida, punto muy importante. Existen distintos modelos, pero todos cumplen la misma función con distinta eficiencia.

Teniendo los elementos podemos armar nuestro sistema, donde el cilindro entregará el $CO_2$, pasando por el manoreductor, el cual disminuirá la presión interna desde unos 50-60 kg/cm2 hasta 1 kg/cm2 aproximadamente. Si nuestro sistema es manual será muy importante el cuentagotas, ya que esto nos dará una relación del flujo de $CO_2$ que entrará a nuestro sistema. Una referencia válida es utilizar 1 a 2 gotas por segundo, aunque deberemos medir otros parámetros hasta llegar a la cantidad óptima (considerar que el nivel de $CO_2$ en el acuario no debe superar los 35 mg/litro, para no afectar a nuestros peces).

Dado que las plantas consumen $CO_2$ de día y liberan $CO_2$ de noche, no se justifica su aplicación una vez que se apague la luz de nuestro acuario, por esta razón se utiliza la válvula selenoide. Ésta va conectada al timmer, y cuando se prende la luz se abre permitiendo el paso del gas, pero una vez que se apaga se cierra, lo que nos permitirá ahorrar

CO2. Una vez cerrado el paso de CO2 se puede producir un flujo inverso, es decir, puede que el agua de nuestro acuario empiece a entrar por nuestro sistema de CO2. Para evitar esto se recomienda el uso de una válvula antiretorno.

El CO2 que ingresa a nuestro acuario debe ser disuelto de alguna forma, pues de lo contrario se perderá rápidamente. Esta función la cumple el llamado reactor, quien mezcla el agua del acuario (la que se fuerza a pasar por el mediante un cabezal) con el CO2 proveniente de nuestro sistema.

**Inyección de CO2 Casera**

Una forma muy económica de entregar CO2 al acuario es utilizar el sistema de la botella desechable, azúcar y levadura. Para ello usaremos una botella cuya tapa debe ser perforada para introducir una manguera (esto debe quedar bien sellado). Esta manguera a su vez la conectamos a un frasco (mejor de tapa hermética) que viene a cumplir la función de trampa y cuenta burbujas, ya que al llenarlo con agua permite evitar que cualquier líquido proveniente de la botella llegue a nuestro acuario. Lo importante es colocar la manguera de entrada dentro del agua y la manguera de salida fuera del agua. Con esto logramos que todo líquido que entre a nuestra trampa permanezca en esta y el gas como es volátil sale por la otra manguera en dirección al acuario.

Para generar el $CO_2$ utilizaremos levadura fresca (la misma que se emplea para hacer pan) que colocaremos dentro de la botella, agregando 2 tazas de azúcar blanca y luego disolviendo con un poco de agua. Una vez lista la mezcla relleno el envase hasta ¾ con agua tibia (para que la levadura reaccione), sin que la mezcla toque la manguera que se introdujo a través de la tapa. La mezcla comenzará a reaccionar y a generar el gas. Hay que tener cuidado de no dejar la mezcla más de 15 días sin recambio (mejor sólo por 10 días), pues si no introduciríamos alcohol a nuestro acuario. Si esto lo combinamos con buena luz y abonado tendremos hermosas plantas. La dificultad del asunto consiste en disolver el $CO_2$ producido en el agua del acuario, ya que si simplemente introducimos el $CO_2$ dentro del agua este escaparía rápidamente hacia la superficie y el $CO_2$ que lograríamos disolver sería prácticamente nulo. Es preciso idear un sistema que nos permita disolver el $CO_2$ producido, sin que escape a la superficie. Estos son tres ejemplos:

1. La primera opción es para acuarios de hasta 60-70 litros. En este caso se utiliza una campana de retención, la cual consiste en colocar un objeto que retenga el $CO_2$. Para ello se emplea la tapa de un envase de diapositivas (por ejemplo) debido a que, por lo general, son transparentes. Esta tapa debe ser ubicada con su abertura hacia abajo de manera que al entrar el $CO_2$ éste

tienda a ir hacia arriba y como no puede escapar se va a ir disolviendo en el acuario.

2. Para acuarios más grandes el sistema de campana no es muy apropiado ya que se requiere de grandes volúmenes de retención. Es por esto que he utilizado inyectar directamente el $CO_2$ a la toma de aire de mi Power-head o a la sección por donde succiona. En el segundo caso tenemos mejores resultados, ya que nuestra burbuja es obligada a pasar por las aspas del motorcito donde es desintegrada para luego ser lanzada a éste. Conviene que este cabezal no genere demasiado movimiento en el acuario para evitar que el $CO_2$ se volatilice.

3. Por último, se puede realizar la misma opción anterior, pero colocada a un filtro exterior obteniéndose también muy buenos resultados.

**Esterilización**

Los acuarios son especialmente sensibles a infecciones ocasionadas por parásitos, hongos, bacterias y virus, que pueden causar problemas serios. La esterilización del agua es muy beneficiosa para los criadores (ya que puede ayudar a controlar infecciones en los huevos que se están incubando), mediante el uso de filtración centralizada para varios acuarios (para controlar el esparcimiento de enfermedades a través de los acuarios). Es importante recordar que un acuario saludable depende del crecimiento de las bacterias beneficiosas en el filtro para neutralizar el amoniaco. Además, el esterilizador podrá matar algunos gérmenes patógenos que nacen en el agua, aunque la esterilización total no es posible o deseable. Los acuaristas que realizan una cuarentena prudente y siguiendo los procedimientos para los peces nuevos, por lo general no necesitan esterilizar.

Los dos principales tipos de esterilización usados son inyección de ozono y radiación ultravioleta.

**Ozono**

El gas ozono es altamente reactivo y un poderoso oxidante de contaminantes o polutos orgánicos, incluyendo elementos patógenos vivos. Otro beneficio del tratamiento del agua con ozono es que reduce sistemáticamente la disolución de compuestos orgánicos en el agua, lo cual aumenta la capacidad del agua de oxidar los desechos orgánicos por todo el acuario. El ozono circulante en el agua aumenta la capacidad de los skimmers para generar espuma y ello mejora su funcionamiento. Antes del descubrimiento de la roca viva/skimmer, el "Metodo Berlín" para el mantenimiento de acuarios de arrecife, el ozono era considerado como parte del arte de filtrar, especialmente entre los europeos de los años 80.

Como la humedad reduce la eficiencia de los generadores de ozono, la mayor parte de los expertos prefieren tratar el aire para el ozonificador mediante un deshumidificador. No debemos olvidar que el ozono es un gas altamente corrosivo, por lo que todos los elementos que estén en contacto con él deben estar hechos de un material adecuado, generalmente de silicona. No se debe permitir el paso del ozono al acuario, ya que esto podría causar la muerte de los peces y dañar a las bacterias beneficiosas de nuestro filtro.

## Esterilizador Ultravioleta

La luz ultravioleta intensa destruye el ADN de las células vivas y es una forma efectiva de controlar los patógenos vivos. La luz UV más efectiva es la que tiene una longitud de onda de 250 Angstroms. Para ser efectiva la esterilización UV el patógeno debe ser expuesto a una fuerte intensidad de luz por un período largo. Se cita como norma 35,000 ó 100,000 microwatts por segundo por centímetro cuadrado, la cual trabaja para 40 a 100 litros por hora por watt

Los problemas más comunes que pueden reducir la eficiencia y los rangos de eliminación son:

- Permitir el flujo muy rápido del agua por la luz UV.
- Bloqueo de la luz por el depósito de sales o sustancia viscosas producto de las bacterias en la ampolleta.
- Pérdida de capacidad del tubo UV, el cual por lo general tiene una duración de 6 meses.

# EL AGUA

## Bioquímica y Biofísica del agua

Es importante conocer el lugar de origen de nuestros peces, ya que esto nos permitirá saber las condiciones del agua en la que viven y, por tanto, poder acondicionar nuestro acuario de manera que sus habitantes se encuentren como en casa. Pero muchas veces este hecho no es tan importante porque debemos recordar que estos peces han sido criados en cautividad, aclimatándose a unas nuevas condiciones y no conocen el medio natural en el que vivieron sus padres. En esta sección no vamos a tratar las condiciones de los lagos y ríos de las distintas zonas de la tierra, sino que vamos a ver qué factores intervienen en las condiciones del agua y cómo influyen en el desarrollo de nuestros peces y plantas.

## Propiedades del agua:

### *Grado de Acidez (pH)*
El PH es el resultado de todas las materias ácidas y básicas disueltas en el agua. El agua que tiene un pH 7 significa que los componentes básicos y ácidos están en equilibrio. Si el valor del pH es < 7 estamos en presencia de un agua ácida y si es de > 7 estamos en presencia de un agua alcalina.

Indudablemente, los cambios bruscos de pH son dañinos para los peces.

El agua pura es neutra, pH 7, porque todas las cargas de sus moléculas están equilibradas y cuantos más H+ hayan más ácida (reactiva) se vuelve el agua. Existen otros compuestos como las calizas, sosa cáustica (NaOH) o la cal viva (CaOH) que se ionizan con el agua para dar iones OH-, que son tan reactivos como los de H+, pero por razones opuestas.

## Carbonatos (kH)

Aparte de las sales ya mencionadas, prácticamente todas las aguas poseen bicarbonatos, cuya presencia se refleja en el valor kH. A los bicarbonatos les corresponden un papel muy importante dentro del acuario, ya que tienen un efecto tampón del pH, impidiendo que este último tenga variaciones bruscas en su valor. Debido a lo anterior es sumamente importante que el valor del kH se mantenga dentro del rango ideal. El único problema que pudiésemos tener es que si poseemos un pH muy alto y tenemos un buen kH haciendo de tampón, sería muy difícil que lográsemos bajar el pH.

El rango de KH ideal es desde: 3° dH hasta 10° dH (donde dh son grados de dureza alemana).

## Ciclo del Nitrógeno (NH3, NO2, NO3)

Para el mantenimiento de las condiciones del agua de nuestro acuario y para evitar problemas a nuestros peces es muy importante conocer el ciclo del Nitrógeno, ya que esto está directamente relacionado con el Amoniaco (NH3), los Nitritos (NO2) y los Nitratos (NO3).

Los peces en el acuario excretan en forma de amoniaco y urea, los cuales se combinan con el producido con los restos de alimento, restos de plantas y peces muertos. Todos estos restos producen amoniacos (NH3) en condiciones aeróbicas (con oxígeno) y anaeróbicas (sin oxígeno), apareciendo además amoniaco, ácido sulfhídrico, fenol, metano, etc., todos tóxicos para los peces. Las zonas sin oxígeno se encuentran principalmente en la grava, por lo que es de vital importancia revisar este punto.

Sobre el Amoniaco (NH3) hay que saber que existe una forma disociada que es el Amonio (NH4) que es unas 100 veces menos tóxico que la forma gaseosa no disociada NH3. El que tengamos amonio o amoniaco se debe al pH y a la temperatura del agua, pues cuanto más alto sea el pH y la temperatura del agua más amoniaco tendremos, y al contrario más amonio.

Lo que le provoca el amoniaco al pez es una hinchazón en las branquias, cuyas láminas se pegan provocándole la asfixia.

### Temperatura:

Es un factor clave para la supervivencia de nuestros peces, ya que la mayoría de los peces tropicales necesitan una temperatura de unos (24-26) °C, algo fácil de conseguir en nuestro acuario con la ayuda de los calentadores y termostatos; también se hace imprescindible la ayuda de un termómetro que nos permita controlar de un vistazo que no se producen cambios bruscos de temperatura en nuestro acuario por averías en los aparatos. En realidad el valor de la temperatura es un valor más importante de lo que parece, ya que de él van a depender los valores de los demás factores que controlan las condiciones del agua.

### Dureza del agua, dH:

Es uno de los factores que más controversia ha creado entre los acuariólogos y no por su dificultad, sino porque no hay un estándar para su medición, ya que se habla de dureza total, dureza de los carbonatos en grados alemanes, grados ingleses, grados franceses...

Conviene tener en cuenta que al igual que la mayoría de los factores tratados en esta sección, este no es un factor aislado, sino que su valor se ve influenciado por el de los demás (pH, temperatura, conductividad...). El equilibrio entre el $CO_2$ y el $H_2O$ da lugar al ión carbonato y es el responsable de combinarse con los elementos disueltos para dar las sales que son las responsables de endurecer el agua; estas sales son las que medimos para saber la dureza.

A partir de aquí hablaremos de grados alemanes que son los más utilizados (por lo menos en Europa), pero por si nos encontramos con otro tipo de grados, estas son las equivalencias:

1° dH alemán = 1,25° ingleses = 1,78° franceses = 1,78° americanos

A continuación damos una clasificación de las aguas en función de estos grados alemanes:

0 --- 4 dH muy blanda
5 --- 8 dH blanda
9 --- 12 dH semidura
13 --- 18 dH bastante dura
19 --- 30 dH muy dura
Más-- 30 dH extremadamente dura

No obstante, no hay que olvidar que los peces tropicales no son tan sensibles a estos factores, ya que estas especies provienen por regla general de la cría selectiva, y por tanto se han adoptado a un agua en condiciones muy distintas a la de su lugar de origen. Por el contrario, no sucede lo mismo con los huevos que son mucho más sensibles a las condiciones del agua, y en este caso sí que es un factor muy decisivo, como veremos más adelante.

**El tratamiento del agua**

**¿Es necesario añadir productos químicos al agua?**
Cuidado con agregar medicaciones a su acuario, pues frecuentemente no son eficaces. Una buena tienda le preguntará primero por la calidad del agua, y sobre los sistemas instalados para depurarla y oxigenarla. Le recomendarán cómo mejorarla y le

hablarán de los medicamentos solamente si se puede identificar la enfermedad específica. Si no son buenos profesionales le animarán a que usted compre la medicina, sin tener en cuenta si es específica y útil para combatir el problema concreto que tiene. Para que todo salga bien le tendrán que preguntar qué peces tiene en el tanque, por si algunas de las medicaciones son tóxicas para ciertas especies.

La mayoría de las personas usan agua del grifo en sus tanques; es barata y fácil de usar. Desgraciadamente, las compañías del agua agregan química al agua para que sea potable para la bebida (por ejemplo, cloro o cloramina para matar las bacterias) y más recientemente se ha sabido que el agua que fluye a través de las cañerías más viejas ha causado algunas modificaciones al agua, especialmente en el pH. Por consiguiente, el agua del grifo debe tratarse especialmente antes de que pueda usarse con seguridad en los acuarios.

Otro problema potencial involucra la posibilidad de que cambien con el tiempo las propiedades químicas en el agua de los hogares, incluso mes a mes. También es posible que en épocas de escasez haya que comprar agua embotellada o en bidones, de cuyas características no tenemos conocimiento. Si esta agua tiene unas propiedades químicas diferentes (ejemplo, dureza), la química de su agua en el acuario también variará. Como un ejemplo común, los niveles de bacterias altos son más un problema en verano que en invierno, sobre todo en climas más calurosos. Por consiguiente, no es raro que las compañías de agua usen más cloro en los meses de verano para matar esas bacterias. Incluso hay otros factores que también alteran la composición del agua, como las lluvias torrenciales que pueden alterar la dureza del agua.

En general, el cloro y la cloramina son los dos aditivos que causan más problemas.

## Cloro

En los EE.UU., las pautas de la EPA requieren que el agua del grifo contenga una concentración de cloro mínima de 0.2 ppm, para mantener severamente los límites de la concentración de bacterias. En cada país y en cada provincia estas concentraciones son diferentes, e incluso lo son en cada época del año. Por ello no le extrañe si cada vez que mida la concentración de cloro de su agua es diferente. Inicialmente y de una manera genérica, la concentración exacta del agua de su grifo depende de cuál es la distancia desde su casa a la planta de agua, cuánto tiempo le lleva al agua viajar desde la estación de agua a su casa, cuánto cloro se agrega inicialmente, etc.

El cloro a concentraciones altas es tóxico para los peces, pero a concentraciones bajas les daña aún sus agallas. Concentraciones tan pequeñas como 0.2-0.3 ppm matan a la mayoría de los peces rápidamente y para prevenir estos problemas las concentraciones que pueden requerirse son de 0.003 ppm. Afortunadamente, el cloro puede quitarse fácilmente del agua con el tiosulfato de

sodio químico, disponible en las tiendas de peces bajo varias marcas. Este compuesto neutraliza el cloro al instante, aunque hay que advertir que hay muchos "tratamientos de agua" elaborados con otros productos que se anuncian como "consiga un agua segura" que pueden no ser tan recomendables. Lea las etiquetas cuidadosamente, puesto que aunque todos neutralizan el cloro por su contenido en tiosulfato de sodio, agregan otras substancias que pueden o no pueden ser útiles.
La cantidad a utilizar suele ser de 1 gr por cada 50 l.

Otro aporte de agua podría ser empleando agua de lluvia, y para ello los días en que llueva se ponen unos recipientes donde recoger el agua que posteriormente utilizaremos en nuestro acuario. Sin embargo, este método tan utilizado hace tiempo presenta dos serios inconvenientes: uno, puede resultar engorroso si el volumen de agua que necesitemos es elevado y, además, en las grandes ciudades debido a la contaminación el agua que recojamos será ácida y con sustancias indeseables, así que a no ser que vivamos en el campo este método no es aconsejable. El otro método es dejar reposar el agua un par de días, el tiempo suficiente para que el cloro escape del agua y esta pueda ser utilizada sin peligro; sin embargo, la pérdida de cloro es menor a medida que disminuye la temperatura y a la vez más perjudicial para los peces. El agua contenida en un cubo (o un tanque), con la circulación de agua adecuada (filtro o compresores de aire), estará libre del cloro en 24 horas o menos.

**Recomendaciones**:
Nunca agregue agua de la tienda a su tanque, pues puede contener enfermedades. Si es posible, ponga en cuarentena a sus nuevos peces durante dos semanas antes de agregarlos a su tanque.

Muchos informes de expertos nos hablan de que ellos realizan los cambios de agua parciales sin tratar su agua del grifo para quitar el cloro. Tenga presente que aunque los peces no muestran síntomas claros de que están enfermos a causa del nulo tratamiento del agua, no significa que el cloro no les esté haciendo daño. El resumen es que los eliminadores de cloro son tan baratos, que no merece la pena prescindir de ellos.

### Realice cambios de agua parciales regularmente

Cambiando el 25% del agua de su tanque cada dos semanas consigue dos propósitos: diluye y quita el nitrato antes de que aumente a niveles peligrosos, y reemplaza los elementos tóxicos generados por las bacterias, plantas, etc., Además, los cambios de agua parciales aseguran que la química del agua de su tanque no se desvía significativamente de su composición habitual, evitando así enfermedades en sus peces. Los cambios parciales y frecuentes del agua son el paso más importante para controlar la enfermedad, mientras que los cambios totales no se deben realizar a menos que la composición química del agua de su tanque sea similar a la que va a añadir.

## Presión osmótica

El fenómeno de la ósmosis depende de la existencia de membranas semipermeables. Estas membranas, naturales o artificiales, tienen la propiedad de dejar pasar a su través ciertos tipos de moléculas, pero no otros. Cuando se establece el equilibrio, el potencial químico de una sustancia (el potencial químico es función del número y cantidad de sales presentas en la disolución), cuyo paso es permitido por la membrana, es el mismo a ambos lados de la misma. Supongamos que a un lado de la membrana tenemos la sustancia pura o disolvente y al otro lado existe una solución de un soluto (sustancia que está disuelta en otra) en el mismo disolvente. Si la temperatura y la presión son iguales a ambos lados, el disolvente fluirá desde el recinto en que está puro hacia la disolución donde está el soluto y, por tanto, tiene menor potencial químico.

No obstante, debo mencionar que este factor sólo nos interesa en el caso de que existan puestas de huevos, y en este caso es un factor muy importante, ya que si la concentración de sales en el agua es más baja que la que hay en el interior del huevo, los huevos tenderán a absorber agua hinchándose llegando incluso a poder explotar. Por el contrario, si la concentración de sales disueltas es más alta que la que hay en el interior del huevo, tenderá a perder agua, arrugándose y encogiéndose, lo que prácticamente hará imposible que los pequeños peces puedan desarrollarse y nacer. Para hacernos una idea de la concentración de sales en el interior de los huevos debemos de saber que es similar a la dureza de donde provienen estos peces.

Este factor en los acuarios de agua dulce no es muy importante, a no ser que estemos tratando con especies muy delicadas o intentando que nuestros peces se reproduzcan y críen con éxito. Basta con que mensualmente comprobemos que nuestra agua no se ha vuelto ni demasiado ácida ni demasiado básica, mediciones que se realizan con los numerosos test que venden en las tiendas del ramo (estos consisten en indicadores que al medir el pH del agua producen un cambio de color proporcional al valor del pH). Con ellos conseguiremos unos valores aproximados, pero suficientes para nuestros propósitos, y si queremos obtener valores más precisos basta con que adquiramos un pH-metro (aparato que a partir de un electrodo y previo calibración nos da los valores de pH de soluciones acuosas). Por último, hay que mencionar que siempre que tengamos que modificar el pH de nuestro acuario lo hagamos de la manera menos brusca posible.

## Turbidez

Podríamos definirlo como la claridad que tienen las aguas, la cual es debido a las sustancias disueltas en ella y a las partículas en suspensión. En nuestro caso, al tratar con aguas procedentes del grifo y poco turbia, no es un factor que deba importarnos lo más mínimo, aunque siempre procuraremos que nuestro agua esté lo más clara y menos turbia posible, realizando cambios parciales ella cuando esto no se cumpla.

## Conductividad eléctrica

Es una medida que nos indica la menor o mayor facilidad que tiene un sistema en dejar pasar la corriente eléctrica. Esto hecho se mide en siemens (unidad física de conductancia eléctrica en el sistema internacional de unidades, equivalente al producto del amperio por el recíproco del voltio). En nuestro caso este sistema es el agua, ya que al tener disuelta en ella un número variable de sales presenta una conductividad alta, y se ve aumentada si el número de sales disueltas aumenta. Por lo tanto, midiendo la conductividad del agua nos indica la cantidad de elementos disueltos en ella, y constituye un buen sistema para medir la dureza del agua.

## Potencial redox

La inmensa mayoría de los procesos biológicos que se producen en el interior del acuario son debidos a la oxidación de unas sustancias y a la reducción de otras. Esto se denomina como potencial redox, una medida (expresada en voltios) que nos indica cuantitativamente la facilidad que tiene una sustancia para oxidar o reducir a otras, y por tanto nos indica de manera global las transformaciones de los desechos en nutrientes (nitritos y nitratos) por parte de las plantas y sobre todo de la fauna bacteriana. Al aficionado lo que le interesa no es el potencial redox de cada una de las sustancias presentes, sino el global de todas ellas en función del pH y la temperatura, lo que se conoce como rH. Sin entrar en más detalles diremos que el rH de los ríos se suele encontrar entre 24-34, siendo el óptimo el que se encuentre entre 27-31.

## Sustancias disueltas en el agua

### El Oxígeno

Es un gas que se encuentran disuelto en el agua y supone el elemento más importante para la vida, ya que tanto los peces como las plantas e incluso la mayoría de organismos celulares, lo utilizan para poder realizar sus funciones biológicas. Los peces y las plantas tienen la capacidad de absorber el oxígeno del agua, siendo transportado por la sangre hasta las células donde se produce la oxidación de los nutrientes y el aporte energético que ello conlleva.

La solubilidad del oxígeno en el agua y por tanto la cantidad de oxígeno que es capaz de soportar nuestro acuario, se ve influenciado principalmente por dos factores, uno de ellos es la temperatura (como se ve en la tabla adjunta) y el otro es la cantidad de sustancias disueltas en el agua.

| Temperatura | Oxígeno (ml/l) |
|---|---|
| 1 | 14,15 |
| 2,5 | 13,5 |
| 5 | 12,88 |
| 7,5 | 12,00 |
| 10,0 | 11,35 |
| 12,5 | 10,70 |
| 15 | 10,15 |
| 17,5 | 9,53 |
| 20 | 9,00 |
| 22,5 | 8,58 |
| 25,0 | 8,20 |

### Dióxido de carbono o Anhídrido carbónico

El $CO_2$ elemento disuelto en el agua es un gas no beneficioso para los peces, pero sí para las plantas que en las horas de oscuridad lo respiran desprendiendo oxígeno. Otro aspecto importante es que en el acuario el $CO_2$ como ya vimos anteriormente se disocia y da iones $CO_3$, elemento importante, ya que las plantas obtendrán el carbono necesario para efectuar la biosíntesis de materia orgánica. Ahora bien, este $CO_2$ es procedente del aire y de la respiración de los organismos acuáticos, y por ello no siempre es suficiente para cubrir las necesidades de las plantas. Si esto sucediese, las plantas recurrirían a tomar el carbono de los bicarbonatos presentes en el agua, con la consiguiente subida del pH. En casos extremos puede llegar a alcanzarse un pH 9-10, con las fatales consecuencias que son de imaginar.

En los acuarios suele suceder, sobre todo si se tiene un agua muy blanda, que el nivel de $CO_2$ sea insuficiente. Si además tenemos un difusor de aire rebajaremos aún más la cantidad de $CO_2$, pues este gas tiene una gran tendencia a volver a la atmósfera desde el agua para establecer su equilibrio. Si el agua está muy agitada (difusor) o en movimiento, esta tendencia a la difusión es todavía mayor. Para contribuir al aporte del $CO_2$ tan necesario para las plantas, existen actualmente unos difusores de $CO_2$. Sin embargo, el empleo de estos difusores es delicado y ha de compaginarse con un estricto control del pH del agua, pues el incremento de $CO_2$ en un agua muy blanda podría producir descensos muy rápidos del pH, que empieza a ser peligroso cuando desciende más de 5,5.

Este $CO_2$ tan necesario para las plantas, por el día, se hace también beneficioso para los peces (sobre todo si la vegetación es muy abundante) y esto es debido a la fotosíntesis, en la cual las plantas absorben $CO_2$ y desprenden oxígeno que es consumido por los peces, como se puede ver en el siguiente esquema:

### El Nitrógeno

Es uno de los elementos más importantes de los que forman la materia orgánica, ya que es el responsable de formar las unidades principales de las cadenas de ADN, ARN y de la inmensa mayoría de las proteínas, estas últimas las responsables de que se lleven con éxito casi todas las funciones biológicas.

Pero el nitrógeno por si solo no es tan importante como los compuestos de los que forma parte, siendo uno de ellos los nitritos ($NO_2$) que se obtienen de los desechos que producen los peces, los cuales por la acción de la fauna bacteriana se transforman en nitratos ($NO_3$), a su vez aprovechado por las plantas como nutrientes para su desarrollo y crecimiento. Al igual que el oxígeno, su solubilidad depende de diversos factores, pero si la concentración de nitrógeno en el agua es muy alta, puede en esta circunstancia extrema causar la muerte de los peces.

## Cómo corregir algunos problemas

### Cómo corregir la Acidez

Es bien conocido que un acuario maduro tiene un agua ácida, lo que significa que hay un gran número de iones $H+$, por lo que necesitamos de $OH-$ para que reaccionen. Una buena solución es el uso de hidróxido de sodio ($NaOH$), porque los iones libres de sodio no contribuyen a la dureza y la mayoría de las aguas precisan de este elemento. No obstante, es muy complicado el manejo de esta sustancia fuera de las condiciones de un laboratorio y debido a lo anterior se puede usar como alternativa el carbonato sódico ($Na_2CO_3$). Lo que ocurre con estos compuestos es que el sodio se ioniza, liberando los carbonatos o bicarbonatos, que se rompen en dióxido de carbono ($CO_2$) y un ión OH- que neutraliza un ión H+.

Si no se quiere correr riesgos existen productos especialmente diseñados para el acuario en el mercado.

## Cómo corregir la alcalinidad

En este caso tenemos un exceso de iones OH- y para este caso el producto más nombrado en libros es el ácido hidroclorhídrico. Sin embargo, la experiencia demuestra que el HCl puede producir complejas reacciones con compuestos alcalinos, por lo que la caída inicial del pH volvería a sus niveles anteriores después de uno o dos días. Una mejor opción es el ácido fosfórico (se puede comprar en farmacias), un potente ácido que debe manejarse con mucho cuidado, no añadiéndolo nunca directamente en el agua del acuario.

## Ablandando el agua

El único sistema que ablandará el agua dura con altos niveles de Calcio y Magnesio será una resina catiónica que absorba (esto es, no sustituya) estos elementos. Existen también resinas aniónicas que eliminan carbonatos y sulfatos que también ayudan a la dureza. Por lo tanto, los mejores ablandadores de agua son los que se usan y se botan.

Los químicos identifican a los iones de Calcio, Magnesio, Carbonatos, Bicarbonatos y Sulfatos como compuestos que endurecen el agua.

## Cómo cambiar el valor de la dureza del agua

La forma más sencilla de diluir la dureza del agua es añadiendo agua de lluvia, agua de osmosis inversa o agua destilada, con lo que se logra reducir la dureza general.

Para saber cuanta agua agregar hasta llegar a la dureza deseada hay que tomar el valor actual del agua de actual y restarle la dureza a la que quieres llegar. Este valor divídelo por el valor deseado y obtendrás la proporción de agua destilada que se necesita para lograr el valor deseado. Para aumentar la dureza se pueden usar conchas o piedras que liberen elementos como el Calcio y el Magnesio.

## Sustrato

El sustrato sirve para muchos propósitos en un acuario plantado, probablemente para más cosas que en algún otro tipo de acuario, pues sirve de lugar de almacenaje de los nutrientes minerales y orgánicos. Estos nutrientes se encuentran libres para ser ocupados por las plantas según su necesidad y también como cama de cultivo de las bacterias beneficiosas para el acuario, las cuales son las responsables de descomponer los desechos. Estas bacterias, a su vez, producen la reducción de los nutrientes, haciendo que estos se encuentren en condiciones de ser absorbidos por las plantas. El hierro y otros nutrientes necesitan estar en formas reducidas para poder ser usados por las plantas y este proceso transforma el típico óxido de hierro ($Fe^{+3}$) en $Fe^{+2}$.

Las bacterias descomponen los desechos de las plantas, peces y los excesos de comida, y cuando los tanques están recién instalados, estas bacterias también empiezan a formarse en el acuario, lo que se conoce como "síndrome del acuario nuevo". Los acuaristas pueden experimentar altos niveles de amoniaco y nitritos hasta que el acuario se estabiliza, por lo que suele ser beneficioso ocupar arena de otro acuario en funcionamiento para ayudar a la colonización de estas bacterias. Además, el sustrato debe ser un medio de anclaje para las plantas y por otro lado tiene que ser estéticamente agradable, algo que podemos conseguir con un sustrato más oscuro que los peces.

El tamaño de las partículas también es importante, pues si son demasiado grandes la mugre se puede esconder más profundamente, taponando el fondo e inhibiendo el intercambio de los nutrientes. Si las partículas son demasiado pequeñas se puede compactar demasiado, no permitiendo el crecimiento de las raíces. Esto también impide el flujo de los nutrientes, por lo que el crecimiento se detiene y la planta sufre. El ideal es que esta tenga entre 2 y 5 mm de diámetro, y tanto la arena como la gravilla, deben ser químicamente inertes, evitando especialmente el uso de la arena de mar. Esto permite asegurar que se mantendrán estables parámetros como el pH entre otros. Para comprobar si los materiales que ocupamos son aptos (incluyendo las piedras que queramos usar para decorar) se puede aplicar unas gotas de ácido clorhídrico. Si se forma espuma no se aconseja su uso, ya que puede alterar la química del agua.

# ILUMINACIÓN

La luz no sólo ilumina el acuario, sino que sirve de ayuda a las plantas para realizar la fotosíntesis, la cual facilita la eliminación de $CO_2$ y demás deshechos de los peces, aportándole la energía necesaria a la planta para su correcto crecimiento. Un factor a tener en cuenta es la correcta colocación de las lámparas o tubos fluorescentes para conseguir proporcionar al acuario la iluminación más adecuada. Normalmente la iluminación se realiza por uno o varios tubos protegidos por una campana, aunque en algunos acuarios donde lo exija la iluminación se hará mediante lámparas halógenas o de vapor de mercurio.

La iluminación varía si el acuario es de agua dulce o salada, pero como ejemplo, suelen utilizarse tubos fluorescentes de 0,4 W por litro en acuarios de agua dulce y 0,6 W para acuarios de agua marina. Aunque, si la población de plantas es muy alta (como suele suceder en los acuarios holandeses), la luz necesaria es mayor. Otro aspecto a tener en cuenta es la posición en la que colocaremos el foco de luz, pues una iluminación central proyecta sombras hacia la parte frontal, lo cual debe evitarse, siendo lo más adecuado colocar la iluminación en la parte delantera.

Ya hemos dicho que dentro del acuario la iluminación juega un papel muy importante en los procesos químicos y fundamentalmente en el desarrollo de las plantas naturales, pero dada la gran discrepancia que existe en el tema presentaré más datos necesarios y aclaradores de muchas dudas.

Si los peces utilizan sencillamente la luz para ver y desplazarse, para los vegetales es igualmente imprescindible, aunque para otras funciones. Animales y vegetales comparten el mismo mecanismo de respiración y esta fisiología consiste en un simple transporte de oxígeno al interior de las células con el fin de quemar azúcar, verdadero combustible de la maquinaria celular. Sin embargo, si los vegetales se abastecen de azúcar vía su alimentación, los vegetales lo fabrican directamente gracias a la fotosíntesis. La planta absorbe previamente las materias primas que son el agua y el gas carbónico, aunque estos dos elementos son totalmente desmontados y sólo algunos pedazos son pegados nuevamente para fabricar azúcar. Esta etapa necesita no obstante mucha energía, la cual está producida por la clorofila, molécula localizada por millones al nivel de las células de las hojas y de los tallos de los vegetales donde se reconocen por su color verde. El azúcar de nuevo sintetizado se almacena para un uso posterior, mientras que el oxígeno, se expulsa al medio exterior.

La ecuación general de la fotosíntesis es la siguiente:

$CO_2$ + $H_2O$ [Energía] [Fotones] $C_6H_{12}O_6$ (azúcar) + $O_2$ (oxígeno)

## Algunos datos útiles para iluminar nuestro acuario

Hoy en día la mejor forma de calcular la luz de nuestro acuario es en lúmenes (ln). Para acuarios de hasta 60 cms de altura, incluido el sustrato, se recomienda el uso de tubos fluorescentes y bombillas compactas, mientras que para alturas superiores se necesitará otro tipo de iluminación, como las bombillas de vapor de mercurio (HQL) o las de ioduro metálico (HQI).

Es necesario saber que la mayor parte de las plantas acuáticas que usamos en nuestros acuarios crecen en condiciones totalmente diferentes en la naturaleza. Por ejemplo, Echinodorus tenellus, que es una planta que forma un césped sobre toda la superficie del acuario, crece en la naturaleza sobre los bordes de los ríos, es decir, poca agua y bastante luz sobre ella. Es por esto que esta planta, al igual que otras, necesitan una intensidad alta de luz que se acerque lo más posible a lo que ocurre en la naturaleza, de lo contrario no obtendremos buenos resultados.

Las plantas, contrariamente a lo que uno puede leer en la literatura, crecen de manera diferente según la calidad de la iluminación usada. La luz del sol es nuestra base o guía y se caracteriza por tener:

> Temperatura de color = 6500 ° K (Kelvin)
> IRC (Indicación de pintura de colores) = 100

Si analizamos las bombillas compactas o un tubo fluorescente de color cálido (tonalidad amarilla), encontramos una temperatura de color que está situada entre 2700°K y 4500°K, (ideal si queremos que las plantas crezcan en altura).

Una iluminación sobre la base de tubos fluorescente o bombillas compactas de color frío (se venden como luz-día), es aquella cuya temperatura de color está situada entre 7000°K y 10.000°K. Esto genera plantas de crecimiento hacia los costados, es decir, plantas más anchas, pero el aspecto general del acuario no es muy hermoso debido a que estas plantas generalmente son demasiado blancas en color, muy anchas y con dificultad en el crecimiento.

Ambos tipos de iluminación afectan a las plantas, provocando una deformación y esto generalmente va relacionado con una modificación del tamaño y la forma de hojas. Es por esto que tendremos que buscar un tubo que esté lo más cercano a los 6.500 °K y a un IRC= 100 (igual que el sol).

Teniendo claro lo anterior, ahora deberemos saber cuántos tubos o ampolletas compactas colocar.

Se han hecho estudios y se ha determinado que una intensidad de luz adecuada para el promedio de las plantas y los peces de un acuario de agua dulce, es de 30 a 35 lúmenes por litro de agua, por lo tanto, el número de tubos a ocupar en nuestro acuario será:

N° tubos = (Volumen del acuario x 30 o 35 lúmenes)/(cantidad de lúmenes que emite el tubo a usar)

La mejor alternativa en el mercado es el tubo fluorescente OSRAM Biolux, el cual tiene la característica de tener un IRC=97 y una temperatura de color igual a 6500 °K.

| Watts | Largo (cms) | Lúmenes |
|---|---|---|
| 15 | 45 | 650 |
| 18 | 60 | 1.100 |
| 30 | 90 | 1.600 |
| 36 | 120 | 2.300 |
| 58 | 150 | 3.700 |

Ejemplo: Tomando el tubo Biolux calcularemos el número de tubos necesarios para un acuario de 80x40x40, considerando que el tamaño de tubos más largos que se pueden colocar en este acuario es de 60 cms: Volumen largo (cms) x alto (cms) x ancho (cms)/1.000 = (80x40x40)/1000= 128 lts

N° tubos = (128x30)/1100= 3.45, es decir, 4 tubos.

La cantidad de lúmenes que emite un tubo es un valor que podemos encontrar en los folletos que emiten los fabricantes, en donde por lo general hay una descripción del producto donde se encuentran todos los datos técnicos. Este valor dependerá del tamaño del tubo, ya que, mientras más largo mayor son sus vatios y la cantidad de lúmenes que emite.

# CÓMO LOGRAR PECES SALUDABLES

**Peces adecuados**

Esta una relación de los peces mejor aceptados, aunque es posible que existan diferencias importantes según la provincia y, por supuesto, el país:

*Danio cebra:* hasta 5 cm. Se alimenta de gusanos, comida y pequeños crustáceos. Agua entre 18 y 25°.

*Guppy:* entre 3 y 6 cm. Se alimenta de crustáceos, insectos, gusanos y comida seca. Agua entre 22 y 28°.

*Pez ángel:* 15 cm. Se alimenta de comida seca, gusanos y vegetales. Agua entre 22 y 30°.

*Cola de espada:* entre 10 y 12 cm. Se alimenta de crustáceos, gusanos, insectos y vegetales.

*Tetra linterna:* 4,5 cm. Se alimenta de alimentos secos, gusanos, insectos y crustáceos. Agua entre 22 y 27°.

*Pez arlequín:* 4,5 cm. Se alimenta de crustáceos, gusanos y comida seca. Agua entre 22 y 25°.

Barbo de cabeza purpúrea: hasta 6 cm. Se alimenta de gusanos, comida seca y vegetales. Agua entre 22 y 24°.

*Cíclido de Trewavas:* hasta 10 cm. se alimenta de gusanos, crustáceos y comida seca. Agua entre 22 y 25°.

*Cíclido dorado:* entre 9 y 11 cm. Se alimenta de gusanos, crustáceos y comida seca. Agua entre 22 y 25°.

*Cíclido azul:* hasta 16 cm. se alimenta de insectos, gusanos y crustáceos. Agua entre 22 y 26°.

*Julie dorado:* hasta 7 cm. se alimenta de comida seca, insectos y gusanos. Agua entre 22 y 25°.

*Otocinclo dorado:* hasta 4 cm. Se alimenta de gusanos, vegetales y comida seca.

*Coridora bronceada:* hasta 7 cm. se alimenta de comida seca, gusanos y vegetales. Agua entre 19 a 26°.

Si al llegar a su tienda no encuentra ninguno de los peces seleccionados, le recomendamos si no es experto que se abstenga de comprar cualquier pez que no conozca bien o del cual no tenga referencias, aún cuando le sea recomendado por los empleados de la tienda. Algunas tiendas tienen personal muy experto, pero otras no. Por eso, si usted confía por experiencia en esa tienda y sabe de su honradez, puede dejarse asesorar sin problemas. Quizá le lleve algunos meses averiguar cuál es la tienda mejor, pero creemos que merece la pena que se tome algunas precauciones.

Una vez que ya ha asumido las mejores opciones para encontrar sus peces idóneos, el principiante debe inspeccionar los especimenes cuidadosamente para tratar de encontrar en alguno barrigas hundidas, ojos hundidos, aletas caídas, dificultad en respirar (a menudo con las tapas de las agallas bastante extendidas), y cualquier clase de manchas externas que podrían indicar parásitos o enfermedades.

Si los peces parecen saludables, el novato debe comprar un número muy pequeño de peces hasta que esté seguro del número adecuado para su acuario. Uno que admita veinte galones es un buen tamaño para empezar, puesto que es lo suficientemente grande para lograr unas condiciones de agua bastante estables, pero todavía algo pequeño como para que no requiera muchos cuidados. Para este tipo de acuario podrá poner un solo pez grande o tres o cuatro peces más pequeños. Si pone demasiados peces en un tanque pequeño debe saber que el amoniaco que se genera matará a sus peces. Si la población de su acuario crece gradualmente, esto no será un problema.

## Un buen pez

Nosotros definimos como un buen pez para principiantes aquel que es fácil de alimentar, cuidar, que es fuerte y capaz de vivir en una gran variedad de condiciones de agua. Si además es atractivo y convive sin problemas con los demás, será el pez ideal sin lugar a dudas. Este tipo de pez no es raro y es frecuente encontrarlo en cualquier tienda a un coste pequeño. Es más, suelen ser recomendados como muy adecuados para principiantes y la única precaución es asegurarse que se trata realmente de uno de estos peces. Muchos peces pequeños cumplen esa función como peces ideales y entre ellos se incluyen las diferentes especies normalmente disponibles de Danios y Rasboras, y la mayoría de las especies disponibles de Barbos.

Aunque es frecuente que se tiente a los principiantes para que tengan uno o dos peces de cada especie, esto debe evitarse, ya que los peces se crían mejor si conviven juntos de la misma especie. Se recomiendan un mínimo de seis de cada uno, aunque cuatro también podría ser válido. A la larga, una docena de peces de la misma clase que muestren una adecuada conducta será más fácil de cuidar que un grupo mixto que estén obligados a compartir un mismo tanque. De ser así es frecuente que veamos algunos peces cerca del calentador del agua, mientras que otros permanecen quietos siempre en la misma esquina.

Por supuesto, como se mencionó ya anteriormente, la población necesita ser construida despacio, comenzando con dos o tres peces.

### El estrés y la tensión

La mayoría de los peces pueden tolerar condiciones medioambientales que difieren un poco de las condiciones naturales en las que ellos evolucionaron. Esto no significa, sin embargo, que pueda ser fácil tenerles siempre saludables o que vivirán una vida normal. Por ejemplo, guardando un pez en agua que está más fresca (o más calurosa) que su condición preferida, obliga a sus órganos a trabajar más intensamente para mantenerle activo. Es decir, esta es una de las razones que hacen que su pez esté sometido a una tensión.

La tensión aumentada reduce la habilidad de un pez para estar sin enfermedades, su capacidad para engendrar con éxito y acorta su tiempo de vida. Una cantidad pequeña de tensión por sí misma no es normalmente fatal, pero cuando es demasiado alta la habilidad de un pez para sobrevivir disminuye. Así, una de las metas más importantes para cuidar sus peces es quitar las fuentes de tensión donde quiera que se encuentren.

Debo advertir que eliminar simplemente la tensión no garantiza que su acuario será saludable. Muchos aficionados alardean frecuentemente sobre sus habilidades cuidando a sus peces y nos muestran lo saludables y felices que viven, incluso en circunstancias negativas y estresantes. Estos comentarios no le deben impresionar, puesto que nunca le llamarán para contarles cómo han enfermado o se han muerto a causa de su negligencia. Es como presumir de nuestro abuelo, fumador empedernido que vivió 94 años. La excepción no hace la regla.

### Causas comunes de tensión en el acuario

En esta sección describiremos algunas de las condiciones más comunes que generan tensión. En todos los casos, el nivel de tensión inducido por un factor específico depende de la especie y usted debe ser consciente del tipo de tensión que estará presente en sus tanques y los peces seleccionados deberán ser capaces de adaptarse a ella. Por ejemplo, si su agua es dura y alcalina, es mejor seleccionar peces que crezcan sin problemas en aguas así.

**Nitrógeno**

El nitrógeno (amoniaco, nitrito y nitrato) tiene diferentes grados de toxicidad y es un factor desencadenante de problemas. El amoniaco es tóxico en concentraciones bajas y afecta a los peces bajo cualquier concentración. Por consiguiente, un acuario saludable debe tener un filtro biológico adecuado que rápidamente convierta el amoniaco en nitrito (y nitrato). Pero aunque significativamente menos tóxico que el amoniaco o el nitrito, el nitrato también perjudica a los peces. Así, un medio adecuado para quitar el exceso de nitrato (ejemplo, a través de los cambios de agua regulares), será un factor decisivo para tener un acuario saludable.

**Temperatura del agua**

La temperatura de agua de su tanque debe ser adecuada para las necesidades de todos sus habitantes, pues si está demasiado fría o también caliente, perjudicará a unos peces y mejorará a otros. Por ejemplo, la carpa dorada prefiere temperaturas más frescas que la mayoría de los peces tropicales (la carpa dorada sobrevive sin problemas en invierno en estanques donde las temperaturas se acercan a bajo cero). Si usted mezcla este pez con otros tropicales le será imposible tener la temperatura del agua a gusto de todos.

## Dureza del agua

Algunos peces prefieren el agua suave, y otros agua dura, siendo muy difícil encontrar peces que se encuentren a gusto con cualquier tipo de agua. También es frecuente encontrar algunos que gustan del agua ácida, otros la alcalina, y algunos un pH neutro. Del mismo modo, nos encontraremos con especies que prefieren el agua salada, mientras que otros morirán si existe la más mínima cantidad de sal en su agua, por ejemplo el Barbo.

## Espacio disponible

La cantidad de espacio físico requerida para un pez en particular depende de la especie a que pertenezca. Algunos peces necesitan muy poca cantidad, mientras que para otros vivir en un estanque demasiado pequeño aumenta su nivel de tensión, llevándole frecuentemente a la agresión con sus compañeros. También es importante advertir que la cantidad de espacio requerido puede cambiar en el momento en que los peces engendran. Por ejemplo, los Cíclidos (Cichlidae) exigen una porción de tanque para ellos solos cuando han engendrado, cazando cualquier pez que usurpe su territorio. Así, el ataque entre los habitantes de un acuario es sumamente frecuente si no se ponen los medios adecuados.

**Diferentes especies**

No todas las especies de peces se pueden mezclar entre sí. Como un ejemplo obvio, la mayoría de los Cíclidos (por lo general tienen un cuerpo comprimido lateralmente con púas en las aletas dorsal y anal, muchos alcanzando hasta 80 cm de longitud) se comerán a los demás habitantes si el tanque es muy pequeño, al menos aquellos que puedan tragar. Sin embargo, aun si el ejemplar es demasiado grande para ser comido, intentarán devorarlo poco a poco si su oponente no ofrece resistencia. Es más, muchos peces se comunican entre sí a través de la conducta y el idioma del cuerpo, y es frecuente que los Cíclidos establezcan un orden jerárquico empleando besos, mediante los cuales eligen a su rey. Curiosamente, los peces de un tipo de especie no pueden reconocer los signos emitidos por otros y por ello son frecuentes sus disputas.

Algunos peces permanecen durante toda su vida formando parte de grupos grandes (en lugar de individualmente), y parece ser que no se sienten cómodos o seguros cuando están solos. Algunas variedades de Corydoras, por ejemplo, mejoran en un tanque con 6 o más ejemplares iguales. Si usted les pone junto a especies diferentes, sin incorporar varios ejemplares de su propia familia, no logrará que sobrevivan. En el polo opuesto tenemos a algunos peces que son más agresivos hacia los miembros de su propia especie, injustificable cuando ellos mismos no son amenazados por ninguno en particular.

## Oxígeno

Los peces necesitan oxígeno, y algunos toleran mejor un agua empobrecida que otros. Como un agua con suficiente oxígeno no perjudica a ninguna especie, riegue frecuentemente su acuario, especialmente cuando la temperatura sube puesto que es posible que disminuya la cantidad de oxígeno disuelto en el agua.

## Nutrición

La nutrición pobre también causa tensiones. Una dieta saludable es una dieta variada, y usted debe evitar comprar comida antigua en la cual las vitaminas y otros nutrientes se han estropeado. La comida vieja no solamente es aquella en la cual la fecha de caducidad hay expirado, sino la que se ha guardado en lugares calientes, o expuesta al aire fuera de sus recipientes.

## Medicinas

La costumbre de agregar medicinas a los acuarios genera a menudo más problemas que la enfermedad que quiere tratar. Los medicamentos que matan bacterias, parásitos, etc., normalmente no son selectivos y con frecuencia también pueden matar a bacterias que provocan nitración, con lo cual realmente tiene un problema mayor. También es frecuente que se trate de productos tóxicos para algunos peces y sabemos que hay especies que no toleran ningún tipo de medicamento. Agregando tales productos puede debilitar a los peces saludables hasta el punto en que sean ellos los que acaben enfermos.

Evite, en especial, agregar al agua de su tanque productos que contengan cloro o cloramina, ambos muy tóxicos para los peces.

**Agua estable**

Los cambios súbitos en las condiciones del agua pueden ser estresantes. Dentro de los límites, la mayoría de los peces puede ajustarse a las condiciones de un agua no demasiado óptima, como por ejemplo, una temperatura o un pH inadecuados. Sin embargo, los peces tienen dificultad para ajustarse a un cambio súbito en la química del agua. Si hay cambios bruscos en la temperatura, baja o alta, cambios en el pH, en la dureza, etc., ocasionará tensiones en sus peces. Es más importante conseguir una química del agua estable durante mucho tiempo que cualquier otro factor.

En resumen, muchos factores pueden ocasionar que sus peces padezcan tensiones, pero minimizando y eliminando las fuentes que las producen tendrá más oportunidades de disponer de un acuario saludable. La cantidad exacta de tensión que un pez individualmente puede soportar depende esencialmente de la especie a que pertenezca, su edad y el tamaño. Un pez estresado es un pez debilitado y aunque puede parecer saludable al observador inexperto, estará más susceptible para caer enfermo, lesionarse, etc. En contraste, un pez saludable y con fuerte tono vital, podrá pasar casi toda su vida sin enfermedades. Así, la presencia de enfermedades en un tanque se debe esencialmente a un agua de mala calidad que daña el sistema defensivo de los animales.

**Recuerde:**

- La mayoría de los peces doblan su tamaño cuando son adultos.
- No compre peces de tamaños muy dispares, porque el más grande se comerá al chico.
- Hay peces que solamente salen de su escondite por las noches.
- Los peces herbívoros se le comerán sus plantas naturales.
- Es recomendable tener dos hembras por cada macho si quiere asegurarse la reproducción.
- La mayoría de los peces nadan manteniendo su aleta dorsal levantada. Si está caída puede ser señal de enfermedad.
- Compre sus nuevos peces cerca de su casa. Un transporte largo cambia la temperatura

del agua rápidamente y se le pueden enfermar en el camino. Cuando llegue, meta los peces en su bolsa de plástico en el acuario durante unos minutos hasta que se iguale la temperatura del agua. Entonces abra la bolsa y suéltelos. También puede introducir agua del acuario en la bolsa del transporte para acostumbrarles.

# ENFERMEDADES

## Síntomas de enfermedad

Para abreviar, los peces enfermos no se comportan con normalidad. Una vez que usted ha tenido un pez durante unas semanas verá que cada especie se comporta de manera diferente y característica, lo que les hace más atractivos. Algunos peces tienden a quedarse siempre casi en la cima del agua, mientras que otros se acercan al fondo, aunque también los hay que nadan continuamente mientras que otros se quedan en un lugar. La desviación de su comportamiento habitual es lo que debe alertarle.

## Manifestaciones de los síntomas más comunes de enfermedad

- El pez se queda en la superficie y abre la boca para respirar, lo que nos indica que tiene problemas para conseguir bastante oxígeno. Habitualmente la concentración de oxígeno disuelto en la superficie del agua es mayor que en el fondo. Las posibles causas incluyen la concentración baja de oxígeno a causa de una circulación de agua pobre, toxinas que han dañado sus agallas, niveles de amoniaco o nitritos altos, etc.
- Los peces no comen, o no tan agresivamente como anteriormente.

- El pez se queda escondido continuamente y no sale donde puede verse. Posibles causas: hay algún pez agresivo, o no hay guaridas suficientes, como por ejemplo plantas, madera, etc., para lograr que los peces se sientan seguros mientras nadan.
- El pez tiene heridas abiertas que no parecen sanar. Posible causa: el pez ha sido agredido. Normalmente, las mellas menores sanan rápidamente. Si ello no ocurre, los niveles de tensión pueden estar ocasionando una disminución del sistema inmune del pez.
- El pez tiene alguna enfermedad (parásitos, hongo, etc.) Por supuesto, la propia enfermedad es un problema mayor. En la mayoría de los casos, el sistema inmune de un pez saludable le impide enfermarse.

La mayoría de las enfermedades comunes en acuarios ornamentales se pueden diagnosticar mediante la observación visual, aunque en algunos casos con el auxilio de una lupa más o menos potente. El análisis de los signos y síntomas en medicina se denomina Semiología y para facilitar las cosas, dividiremos los signos y síntomas en tres grandes grupos:

1. Modificaciones en el comportamiento
2. Modificaciones de aspecto general
3. Modificaciones localizadas o de sistemas.

## Modificaciones en el comportamiento

Hablar de enfermedades es hablar de alguna situación que afecta el estado normal de los peces, mientras que curación de la enfermedad es referirnos a la posibilidad de restablecer la salud. De tal modo, lo primero que debemos conocer es cuál es el "estado normal" de los peces, ya que lo "normal" para unos no lo es para otros. Por ejemplo: el *Nannostomus eques* nada en posición de 45° con la cabeza hacia arriba; algunos *Leporinus* o *Anostomus*, nadan en la misma posición pero con la cabeza hacia abajo. Para un *Carnegiella lo* normal es nadar en la línea de la superficie del agua, cosa totalmente anormal para un *Corydoras* que (salvo a la hora de comer un alimento que flote) siempre preferirá el suelo del acuario.

La coloración, la forma de nadar, la voracidad o ausencia de ella, etc., determinan para cada especie en particular su estado de normalidad o anormalidad.

Presumiendo que ya conocemos el comportamiento "normal" de nuestros peces, identificaremos fácilmente cuándo asumen actitudes anormales: retraimiento, aletas plegadas, aislamiento del cardume (banco de peces), natación irregular, etc. Si esto ocurriera estamos en presencia de una situación anormal y debemos corregirla. Algunas alteraciones de este tipo son producto de incomodidades temporales (por ejemplo, subordinación de un macho al macho dominante), pero si el acuario está equilibrado (biológica y ambientalmente) son superadas en poco tiempo. Un macho derrotado en su lucha territorial buscará un sector del acuario alejado del dominador, excepto que haya muchos machos distribuyéndose el territorio. Y este problema sólo puede solucionarlo el acuarista. Por eso es importante que, según las especies, los espacios y las hembras sean suficientes para todos los machos, manteniendo un equilibrio.

Si una situación de este tipo perdura, indudablemente el pez afectado enfermará y seguramente morirá pese a nuestros esfuerzos. Este es el caso típico de una enfermedad producida por estrés, en cuyo estado los peces liberan gran cantidad de glucocorticoides, con la secuela que ello trae unido.

Existen comportamientos anormales que son comunes a todos los peces:

    a. Rechazo del alimento habitual
    b. Aletas replegadas
    c. Natación irregular o aislamiento en los rincones del acuario
    d. Movimiento de vaivén o "serrucho" ("shimmy" en inglés)
    e. Frotación contra piedras, objetos o suelo del acuario
    f. "Boqueo" en la superficie y/o respiración agitada

g. Falta de reacción cuando pretendemos atraparlos con una red.

Si alguno de estos síntomas es observado en uno o varios peces, habrá que pasar a observar detenidamente otras posibles modificaciones, tal como se detalla a continuación.

**Modificaciones del aspecto general**

*Cambio de color*
Hay cambios circunstanciales de poca duración o procesos prolongados. Si no es transitorio habrá que seguir observando otros cambios para diagnosticar por descarte. Un **color más claro** que el normal puede indicar anemia (poco probable si existe una buena alimentación). La anemia también produce una decoloración en las branquias. En algunas situaciones esa decoloración puede indicar falta de oxígeno y si el proceso de pérdida del color es paulatino, seguramente se debe a iluminación deficiente o insuficiente. En algunos casos pudiera ser a causa de un ataque por microsporidios (parásitos de la piel), a los que nos referimos más adelante.

Un **oscurecimiento del cuerpo** indica (si no es transitorio) una enfermedad grave, tal como tuberculosis, raquitismo o enfermedades intestinales. Si a ese oscurecimiento le siguen otros signos peligrosos, habrá que aislar al o los enfermos para evitar la propagación de la posible enfermedad. Como en todos los casos, nos referimos al cambio de coloración "anormal". Por ejemplo, los peces intensifican su coloración durante los procesos de cortejo, reproducción y cuidado de las crías. Esta sería una coloración "normal".

### Vientre hundido
Desnutrición, raquitismo y tuberculosis presentan esta forma. Los dos últimos se manifiestan también por un aspecto de "papel de lija" en la piel de los enfermos.

### Vientre abultado
Una constipación intestinal (poco frecuente), ascitis o hidropesía pueden presentar este efecto. La primera sin mayores consecuencias si proveemos una dieta a base de vegetales y alguna lombriz embebida en vaselina líquida. Ascitis o Hidropesía son enfermedades graves producidas por ataques de bacterias, a veces asociadas con myxobacterias, que resulta altamente contagiosa y difícil de curar. En estos casos y ante la menor duda, es prioritario aislar a los peces.

Finalmente, encontramos el vientre abultado por una afección o disfunción de la vejiga natatoria y que produce la natación invertida, flotando con el vientre hacia arriba. Si el problema se produjo como consecuencia de una copiosa alimentación seguida de un golpe de frío, la normalidad sobrevendrá con el transcurso del tiempo. Si se trata de un problema de la vejiga natatoria no hay solución posible, ya que no estamos en presencia de una enfermedad sino de mal funcionamiento de un órgano.

Inversamente, si existiera algún pez con incapacidad para llenar la vejiga natatoria de aire, nadaría zigzagueante por el fondo, moviéndose solamente mediante la natación. Cuando cesa de nadar, cae hasta dar con el fondo, lugar donde queda inmóvil.

## Modificaciones localizadas o de sistemas

Estas manifestaciones de enfermedades son aquellas que afectan una parte determinada del cuerpo, sea un tejido o un órgano determinado. Cuando se modifica el comportamiento normal de uno o varios peces, el paso siguiente es observar minuciosamente en busca de otras modificaciones.

Si un pez se encuentra en un ambiente con temperatura por debajo de sus requerimientos deja de producir anticuerpos, reduce sus defensas epiteliales y -por lo menos en el caso del *P. scalare*- pierde la inmunidad celular superficial. De ahí a un ataque bacteriano (o de cualquier otro organismo) hay muy poco espacio.

Otros factores para que se produzca una enfermedad bacterial pueden ser:

- pH excesivamente bajo o excesivamente alcalino.
- Heridas no desinfectadas generalmente producidas por roces contra superficies duras,

riñas entre peces, maniobras al manipularlos con la red, etc.

- La falta o escasez de ácido fólico (antianémico) favorece la baja resistencia a las bacterias.

- La superpoblación de bacterias dentro del acuario (exceso de materia orgánica en descomposición) y el contagio por introducción de peces infectados, son tal vez las causas más comunes.

## Tratamiento. Inmunidad

La mejor terapéutica es, sin dudas, la prevención y someter a cuarentena a los peces nuevos nos dará cierta seguridad ante el caso de portadores. Mantener la higiene en el acuario evitará la multiplicación bacteriana y el mejoramiento de las condiciones de los peces para generar anticuerpos. Por último, hay que evitar las caídas de temperatura, en especial las producidas bruscamente, ya que en tales casos se detiene la formación de anticuerpos IgM. Esto es particularmente importante en los peces jóvenes, que deben ser mantenidos dentro del rango de temperatura óptima para cada especie en particular (por lo general, entre 25 y 27° C para los peces tropicales), por lo menos por 20 días. Los peces jóvenes de aguas frías deben permanecer el mismo tiempo pero a temperaturas de 23-25° C, pues en estos casos formarán anticuerpos suficientes para enfrentar la enfermedad, pese a lo cual no deben descuidarse las medidas preventivas. En el caso de que la enfermedad ataque a un solo ejemplar, lo más recomendable será sacrificarlo para evitar la propagación.

El tratamiento en acuarios ornamentales se limita a la utilización de Cloranfenicol agregado al alimento y en baños (250 mg. cada 15 litros) o, para peces de consumo, estreptomicina en inyección intraperitoneal (5-10 mg. por cada 150 gramos de peso del pez).

## Enfermedades más comunes

### El Punto blanco:
La Ichthyophthiriasis es quizá la enfermedad más frecuente en los peces de acuario y la podemos diferenciar por las pequeñas manchas blancas que cubren las aletas. El parásito es muy resistente y suele reproducirse en el fondo del acuario en espera de encontrar un nuevo huésped donde desarrollarse. Puede contagiarse con rapidez a todos los peces, aunque el tratamiento es muy eficaz cuando forma esporas.

### Hidropesía:
Al igual que en el ser humano, el pez se hincha por dentro por la acumulación de líquido y vemos entonces que las escamas salen hacia afuera. Al no conocerse la causa no hay un tratamiento eficaz, salvo tratar de extraerle el exceso de líquido.

### Pústulas:

También se forman manchas blancas como en los hongos, pero ahora el pez está seriamente enfermo, delgado y permanece casi siempre enroscado. Una alimentación con suficiente cantidad de nutrientes les mejora sensiblemente.

### Parásitos:

Pueden ocasionar enfermedades como la Dactilogirosis o la Girodactilosis. En estos casos están afectadas las branquias, hay una gran palidez en el color de su piel y vemos que el pez tiene dificultades respiratorias subiendo a la superficie.
El tratamiento consiste en sumergirle en una solución de azul de metileno.

### Hongos:

La Saprolegnia suele atacar a los peces debilitados a causa de anteriores infecciones o condiciones adversas de vida. Los síntomas incluyen unas erupciones blancas que pueden ser aisladas o cubrir a todo el pez. Suele ocasionarse también por trasladar de acuario a un pez y aunque no es contagiosa hay que aislarle para lograr un tratamiento adecuado. Normalmente se corrige poniendo al pez en agua con sal marina integral, en una concentración de 7 g por cada litro. Si los hongos se desarrollan en la boca el tratamiento requiere antibióticos específicos.
Cuando se inicia una enfermedad producida por hongos se manifiestan en los peces del mismo

modo que cualquier otra enfermedad: con un cambio de actitud; es decir, se produce una modificación en el comportamiento normal. Poco después, y aunque poco visibles en un primer momento, aparecen modificaciones localizadas y esto significa que en el lugar del cuerpo donde se han localizado los hongos, aparecen signos que con el transcurrir del tiempo se hacen muy evidentes. Junto a los abundantes hongos existe una importante colonia de bacterias, y si sumamos a esto otros elementos, tales como exceso de amoniaco, de nitritos y la consecuente merma en el oxígeno, nos encontramos con un ambiente agresivo que reduce las defensas de los peces y deteriora su mucosa protectora; de ahí a un ataque bacteriano no hay más que un paso y con ello la acción micótica.

Si bien existen más de 35 especies de hongos acuáticos, cuando nos referimos a enfermedades solemos hacer mención a uno o dos géneros como causantes de enfermedades. En realidad para el acuarista no es muy importante saber cómo se denomina científicamente el organismo que está atacando a sus peces y solamente le interesa cómo resolver el problema. Así que, para no agregar más nombres a los ya bastante complicados en uso, diremos que los más comunes son *Saprolegnia* y *Achyla*. A los efectos prácticos tampoco es muy importante saber qué hongo está atacando a los peces, ya que los síntomas y la terapéutica le son comunes a todos ellos.

Las causas más frecuentes en acuarios son:

1. Condiciones inadecuadas para los peces (medio ambiente).
2. Lesiones en alguna parte del cuerpo que permitan la iniciación del proceso.
3. Contagio de ejemplares enfermos (por lo general de peces introducidos sin cuarentena previa).

# PLANTAS ACUÁTICAS

**Las plantas acuáticas.**

Entre el movimiento continuado de los peces y la quietud que produce la decoración, las plantas con sus posiciones semi-estáticas crean una perfecta armonía. Pero no debemos olvidar que aparte de su aspecto decorativo y del de proporcionar escondite a los peces y refugio a las hembras para escapar del acoso continuo de los machos que se da en algunas especies, la función más importante de las plantas es la de asimilar los desechos de los peces, y en ese proceso eliminar el $CO_2$ del agua aportando oxígeno a la misma (por la noche el proceso se invierte, se absorbe oxígeno y se desprende $CO_2$). Esta última función es la causante, por lo que debemos de procurar poner plantas naturales en lugar de las de plástico, y para ello el tamaño del grano de la arena no debe de ser ni muy grueso ni muy fino, debiendo echar una capa de unos 6-8 cm para que las plantas puedan desarrollar sus raíces. Pero al contrario de las plantas que viven en la superficie, sus hermanas las acuáticas no utilizan sus raíces para alimentarse, sino que esa función la realiza principalmente por las hojas, y las raíces prácticamente sólo les sirve como fijación en el suelo.

El principal problema con que nos encontramos una vez elegidas y adquiridas las plantas, es que cuando se adaptan a las condiciones de nuestro acuario empiezan a crecer y desarrollarse. Esta aclimatación que en un principio nos pudiera parecer bastante sencilla, si analizamos la situación se nos antoja bastante complicada, ya que hay que tener en cuenta que las plantas procedentes de los invernaderos están en unas condiciones muy distintas de la que tendrán en nuestro acuario. La inmensa mayoría de ellas no están sumergidas en grandes tanques de agua, como en un principio pudiera parecernos, ni siquiera cubiertas de agua, aunque el ambiente posee un grado de humedad que se asemeja bastante al que tendrían si estuvieran sumergidas (evitando con esto, el problema de las algas). Por otro lado, en los invernaderos las plantas crecen sobre una tierra rica y no el suelo pobre de arena de sílice que se van a encontrar en nuestro acuario. Así que, una vez analizada esta situación, podremos comprender mejor la razón por la cual muchas veces las plantas se nos pudren y estropean a pesar de que las hemos plantado y tratado con todos nuestros cuidados posibles. La manera de saber qué plantas se adaptan mejor, es ir probando y plantando aquellas que mejores resultados nos hayan dado.

Para realizar el plantado conviene cortar ligeramente las raíces que traigan las plantas y las hojas estropeadas o dañadas, y las que pudieran quedar enterradas. No debemos preocuparnos de cortar demasiado, ya que la planta para adaptarse a su nuevo ambiente empezará a desarrollar unas hojas y raíces nuevas.

Tres son las plantas habituales en los acuarios: de raíz, flotantes y esquejes.

**Plantas de raíz**

Son las más habituales y de las cuales podemos encontrar mayor variedad, tanto en el tamaño, como en el color y su ritmo de crecimiento. Solamente las podremos identificar mediante la flor, pero hay que mencionar que ésta solamente florece en la superficie.

Este tipo de planta crece con facilidad y se alimenta de las materias fecales de los peces, aunque al principio hay quien las planta en pequeñas macetas llenas de gravilla. Las más comunes son: la Riccia que no necesita una iluminación especial, lo mismo que la Microsorium pteropus, y las Vallisneria y Sagittaria, esta última muy apreciada por los aficionados.

Plantas más cortas, adecuadas para estar entre rocas, son las Acorus y el Eleocharis, aunque suelen necesitar bastante luz. El Echinorus es una de las más bellas, pero de crecimiento modesto, mientras que la Cryptocoryne es adecuada para el desove.

En resumen:

La Pistia stratiotes es una planta pequeña de raíces migratorias.

La Hygrophila difformis es capaz de cambiar de forma según la luz que reciba.
La ceratophyllum demersum necesita agua fría para sobrevivir.
La Eleocharis acicularis necesita mucha luz.
La Ceratopteris thalictroides, muy robusta y se desarrolla bien en aguas calientes y gran cantidad de luz.
Y el musgo Vesicularia Dubyana que se adhiere bien a las rocas y supone un elemento de protección.

Para entender un poco más a las plantas de acuario vamos a hacer un análisis de ellas dividiéndolas en cuatro grandes grupos, las de tallo, las de bulbo, las de raíces o roseta y las de rizoma.

**Plantas de tallo**

Estas plantas se caracterizan por tener un sólo tallo, en el que encontramos nodos o anillos desde donde pueden generarse hojas o raíces. En general este tipo de planta absorbe mejor los nutrientes por las hojas, por lo que se recomienda la utilización de un abono líquido. Las raíces de este tipo de plantas habitualmente sólo cumplen la función de anclaje y para su plantación se recomienda eliminar las hojas de más abajo de manera que enterremos al menos un par de nodos, desde donde se formarán las raíces.
Estas plantas suelen crecer alcanzando grandes alturas, por lo que deben ser podadas

continuamente, momento en el cual podemos aprovechar para generar nuevos individuos, teniendo claro que es necesario dejar nodos en los extremos, pues de lo contrario la planta se pudre. En la medida que la planta crece en altura va recibiendo mayor cantidad de luz en la parte superior del tallo, por lo que los internudos tienden a acortarse en tamaño. Si se ocupan estos tramos con nuevas plantas se obtienen individuos de mayor densidad y más robustos.

Ejemplos: Ludwigia sp, Cabomba caroliniana, Bacopa monnieri, Limnophila sp., Rotala sp.

**Plantas de bulbo**

Por lo general se coloca dentro del acuario como planta individual. Para saber cómo elegir nuestras plantas de bulbo hay que ver si éste está blando, si eso ocurre (aunque el bulbo presente muchas hojas) se recomienda no comprarlo. Otra típica evaluación es ver si el bulbo presenta zonas ennegrecidas, ya que esto representaría daños.

Al colocar nuestros bulbos en el acuario deben ser enterrados hasta la mitad de su tamaño (para evitar que se pudra), pues al desarrollar las raíces éstas hundirán el bulbo hasta la profundidad adecuada. Para que nuestro bulbo dure por muchos años se recomienda que entren en período de letargo para que descanse y se recupere, algo que se logra bajando la temperatura y colocando nuestro bulbo en un recipiente de arena húmeda por algún tiempo (3-4 meses). Para que la planta salga de este letargo

se debe colocar nuevamente en el acuario y poner junto a ella una bolita de arcilla, ya que la temperatura, junto con este alto contenido de hierro, activa su sistema. La obtención de nuevos individuos generalmente se obtiene por semillas.
Ejemplos: Aponogeton sp, Crinum sp., Nymphaea sp., Barclaya sp.

**Plantas de raíz o roseta**

Este tipo de planta genera las hojas a partir de una corona común y de la cual por el otro extremo se generan las raíces, pero al igual que en el caso anterior, esta corona jamás debe ser enterrada completamente. Cuando las plantas se van a colocar en el acuario se recomienda eliminar las hojas malas y recortar las raíces para incentivar su desarrollo, procurando dejar la corona fuera del sustrato. Su reproducción se genera a partir de pequeños estolones rastreros que producen y alimentan una nueva planta hasta que ésta se desarrolle por su cuenta. Este tipo de planta por lo general absorbe mejor los nutrientes por sus raíces, por lo que requiere de abonado en pastillas.
Ejemplos: Echinodorus sp., Cryptocoryne sp., Vallisneria sp.

**Plantas de rizoma**

Este tipo de planta se caracteriza por tener un rizoma que no debe enterrarse en el sustrato (el rizoma es similar al tallo pero engrosado y crece en forma horizontal). Este rizoma genera por un lado las hojas y por el otro lado un sistema radicular con forma de araña que usa para adherirse a troncos y rocas. Las plantas de rizoma se reproducen por lo general a partir de trozos de rizomas con un par de hojas cortadas de un individuo grande. Existen casos como el Helecho de Java (Microsorium sp.) en que también se generan nuevos individuos a partir de las hojas. Este tipo de plantas responde mejor a un abono líquido, ya que su sistema radicular es ocupado como sistema de anclaje.

# USO DE FERTILIZANTES

Las plantas requieren un nivel mínimo de nutrientes en sus tejidos para crecer normalmente, siendo la "Concentración Crítica" aquella en la que tanto los elementos nutritivos como el tejido que una planta necesita, van en directa relación con el crecimiento. Si una planta posee más de la concentración crítica, esto significa que está obteniendo suficiente cantidad de ese nutriente en particular y está almacenando el exceso; si la planta contiene menos de la concentración crítica, entonces no está obteniendo lo suficiente de ese nutriente.

Para proporcionarle estos elementos a nuestras plantas podemos usar fertilizantes, de los cuales existen tres tipos principales: sólido o granular (el cual es mezclado con el sustrato), tabletas o líquido. Los **fertilizantes sólidos** y en tabletas son absorbidos a través de las raíces de las plantas. Una forma de saber si la cantidad de fertilizante sólido fue mucha es mediante el llenado del acuario, ya que este tenderá a ponerse nuboso. Para solucionar este problema se aconseja cambiar agua hasta que esto se solucione.

Los **abonos líquidos** son absorbidos a través de las hojas y los excesos son fácilmente corregibles mediante cambios de agua. Muchas veces la gente piensa que cuando sus plantas se ven mal es por falta de fertilizante, pero la sobredosis es tan mala como la falta de éste. Para determinar la salud de la planta es recomendable ver si las hojas están brillantes, si están apareciendo nuevas hojas o, por el contrario, si la planta se ve pálida es signo de que tiene algún tipo de déficit nutricional.

**¿Todas las plantas responden igual al aplicar fertilizantes?**

No, las plantas reaccionan dependiendo de la concentración crítica que necesiten de cada elemento. Además, dependiendo del tipo de planta estas reaccionarán mejor al abonado líquido o al abono de sólido. En general las plantas de un sólo tallo reaccionan mejor al abono de líquido, al igual que las plantas de rizoma o que crecen sobre las rocas. Plantas de corona o raíces gruesas reaccionan mejor utilizando pastillas que se colocan en el sustrato cerca de la raíz.

**¿Cómo sé si mis plantas necesitan alguno de estos elementos?**

El siguiente recuadro servirá para detectar síntomas relacionados con la falta de algún nutriente. En general es útil diferenciar si el síntoma se presenta en las hojas nuevas o en las hojas más viejas, si hay presencia de clorosis (perdida del color), necrosis (muerte de los tejidos).
hanitualmente, las deficiencias en los acuarios son de Hierro (Fe) (importantísimo ya que está directamente relacionado con la síntesis de clorofila, por lo que su deficiencia se presenta como amarillamiento de las hojas), Potasio (K) (

rol fundamental en el intercambio gaseoso y en la producción de ATP que es una forma de energía de la planta, por lo que su deficiencia por lo general se presenta como plantas con escaso desarrollo), y por último el Magnesio (Mg) (elemento que forma parte de la clorofila y cuya ausencia se refleja en un amarillamiento de las hojas).

| Elemento | Hoja | Síntoma |
|----------|------|---------|
| Nitrógeno | Vieja | Las hojas se tornan amarillas Plantas estancadas en crecimiento con un gran sistema radicular. Las hojas se ven pequeñas y más claras de lo normal, y tienen un crecimiento lento. La palidez comienza en la punta de las hojas de más abajo. Si la deficiencia continúa, el crecimiento generará tallos blandos y además la planta será más susceptible a las enfermedades. |
| Fósforo | Vieja | Caída prematura de las hojas, similar a la deficiencia de nitrógeno. Plantas con manchas oscuras, hojas a veces descoloradas, tallos excepcionalmente duros, |

sistema radicular pobre. Suelen estar afectadas en primer lugar las hojas maduras. Ocurre especialmente cuando el nivel de nitrógeno está bajo.

| | | |
|---|---|---|
| Calcio | Nueva | Daño y muerte de los puntos de crecimiento. Bordes de las hojas amarillentas. Las raíces sin desarrollar son el primer efecto. Las hojas nuevas se comienzan a encrespar en los bordes. Las hojas jóvenes se estancarán y las otras hojas se colocarán negras y torcidas. |
| Magnesio | Vieja | Puntos amarillos Los síntomas no aparecen hasta que la deficiencia está bien avanzada. Las venas de las hojas se mantendrán verdes mientras el resto se inclinarán al amarillo. Pueden aparecer puntos y la planta se podría secar. |
| Potasio | Vieja | Áreas amarillas, hojas y puntas marchitas. En las primeras etapas, amarillamiento y enroscado de las hojas más viejas. Las hojas viejas comienzan a marchitarse. La planta queda |

más susceptible a las enfermedades.

| | | |
|---|---|---|
| Azufre | Nueva | Similar a la deficiencia de nitrógeno. |
| Hierro | Nueva | Las hojas se tornan amarillas y se comienzan a desintegrar. Las nervaduras se mantienen verdes y entremedio los tejidos se ven amarillentos. Las puntas de las nuevas hojas se tornan pálidas. Eventualmente la hoja se torna café y muere. |
| Manganeso | Ambas | Tejidos amarillentos muertos entre las nervaduras, pero éstas se mantienen verdes. Desarrollo pobre. Las hojas se pueden colocar amarillas o manchadas. |
| Cobre | Ambas | Puntas de las hojas muertas. |

| | | |
|---|---|---|
| Zinc | Vieja | Áreas entre las nervaduras de color amarillo, comenzando por los bordes y las puntas. El crecimiento se puede detener |
| Boro | Nueva | Las puntas de las raíces se mueren, lo mismo que los renuevos. Tallos quebradizos, hojas nuevas con puntas café. |
| Molibdeno | Vieja | Puntos amarillos entre las nervaduras, área café en los bordes de las hojas. Se inhibe la floración. |

# COMIDA

**Comida viva:**

La mayor ventaja de la comida viva es que aquella que no se haya ingerido no se deteriorará inmediatamente y estará siempre disponible cuando los peces tengan hambre. Esta es una manera de suministrar alimentos más controlada, es más barata y genera menos enfermedades, además de obligar a todos los peces a que se muevan para capturar su alimento.

Estas son las comidas vivas más conocidas:

- Las larvas de mosquito, pulgas de agua y los gusanos son un excelente y completo alimento, además de muy vivaces.
- Las vulgares lombrices de tierra, siempre que no contenga pesticidas ni abonos, también son un exquisito bocado para la mayoría de los peces.
- Respecto a la comida de los humanos, les podemos echar guisantes, lechugas, espinacas y algo de carne de vaca sin grasa.
- Las crías de la artemia, un crustáceo marino, son un alimento exquisito para los peces más pequeños.

**Comida seca:**

La podemos encontrar de diferentes formas y precios, adecuadas para cualquier tipo de pez. Existen en forma de tabletas, polvos, pasta y terrones, así como en líquido o congelados. El único requisito es que tengamos en cuenta el tamaño de los peces y su edad, puesto que las crías necesitan un alimento microscópico. Dentro de los alimentos secos podemos distinguir:

Alimentos en copos.
Alimentos en gránulos.
Alimentos en terrones.
Alimentos en comprimidos.
Todos ellos con una composición promedio de:

| | |
|---|---|
| Proteína cruda | (40-50) % |
| Grasa cruda | (4-10) % |
| Fibra cruda | (2-4) % |
| Humedad | (2-10) % |
| Celulosa | (0-15) % |
| Ceniza | (5-35) % |

y en menor cuantía : Calcio, Fósforo, y Vitaminas que suelen ser (A, D3, C, E, B1, B2).

**Comida congelada:**

Cuando no es posible conseguir cebo vivo se utiliza este mismo pero congelado. Los peces lo consumen sin problema y las propiedades nutritivas son prácticamente las mismas que si estuviera sin congelar.

**Alimentos liofilizados:**

Con el avance de la técnica ha llegado al mundo de los acuarios este nueva presentación, consistente en congelar a temperaturas muy bajas la comida y posteriormente calentarla, secándola y extrayendo el agua exclusivamente, conservando así todo el valor nutricional y el color, aumentando considerablemente el tiempo que podemos tener el alimento sin que se estropee.

**Comida casera:**

Son numerosos los peces que necesitan un aporte vegetal, y este suplemento en su dieta muchas veces lo consiguen comiéndose las plantas, lo cual resulta una molestia para el acuariólogo, por lo que se hace necesario preparar alimentos vegetales. Además, los que no quieren tener la molestia de cultivar cebo vivo, pueden preparar alimento casero, por lo que ahora vamos a ver muy brevemente qué alimento de nuestra cocina podemos utilizar para preparar la comida a nuestros peces.

*a) Alimentos no vegetales:* Uno de los alimentos cotidianos mas utilizados es el mejillón. La manera de prepararlos es cocerlos hasta que se abran, y para no repetir este rudimentario proceso podemos congelar la cantidad para varias tomas y entonces ir descongelando lo que necesitemos. Al igual que mejillones, también puede probar otros tipos de alimentos como: gambas, langostinos, chirlas, etc.

*b) Alimentos vegetales:* La manera en que nosotros podemos aportar materia vegetal en la dieta de nuestros peces es proporcionándoles hojas de lechuga o acelgas, e incluso guisantes, aunque hay que hervirlas un poco con el fin de eliminar toxinas y sobre todo para que queden más tiernas.

**Requisitos para una alimentación correcta**

- Como norma general hay que procurar variar el tipo de alimento para sus peces, puesto que de no ser así es posible que se vuelvan inapetentes.
- No alimentarles demasiado, no por el peligro de que engorden, sino porque el alimento que no se comen se pudre y contamina el acuario.
- La comida se administra en poca cantidad, pero con frecuencia.
- Debemos observar que comen todos, incluso los más pequeños o tímidos.

- Hay quien aconseja como ideal darles tres comidas al día, siendo la última justo antes de apagar la luz del acuario.

**¿Cuánto tiempo aguantan los peces sin comer?**
Esta es una pregunta que se hacen muchas personas que se ven en la necesidad de tener que ausentarse unos días de su vivienda y no tienen a nadie que se cuide de los peces. Si están bien alimentados es fácil que aguanten sin problemas hasta quince días sin comida ni luz. En ausencia de su comida diaria buscarán por todos los rincones y podrán sobrevivir bastante tiempo.

**Otros consejos:**

- No ponga demasiados peces juntos, especialmente de especies y tamaños diferentes.
- Si hay peces pequeños tiene que poner refugios para ellos.
- No fume en el mismo lugar en donde tenga su acuario. Tampoco puede pintar ese cuarto, ni emplear disolventes químicos.
- Cuando limpie o manipule su acuario hágalo con delicadeza para no asustar a los peces.

# LA DECORACIÓN DEL ACUARIO

La decoración debe de proporcionar al pez el poder encontrarse en su medio natural, por esta razón debemos de decorar el acuario con arena, piedras y plantas que le proporcionen refugio y un lugar donde cobijarse

**Arenas y Piedras:**
La arena puede ser de diversos colores y tonalidades, desde fondos oscuros con arena oscura que proporciona más cobijo a los peces, hasta arenas claras (amarillas) que resaltan más los colores de éstos. Esta arena, si queremos colocar plantas, debe de ser de un grosor de unos 2-3 mm. No debemos olvidar que los peces y sobre todo los de hábitat nocturno necesitan de refugios, y estos se les proporciona adicionando piedras, de tal manera que formemos recovecos donde puedan esconderse; también podemos unirlas con silicona para que adopten la forma que más nos agrade. Debemos de tener cuidado con las piedras que introducimos para que no cambien el pH ni la dureza del agua, y otro factor a tener en cuenta es que no deben de contener metales, ya que a la larga resultarían mortales para los peces.

**Raíces:**
Otra opción es simular lugares donde el fondo está lleno de raíces, y normalmente las raíces escogidas de un pantano no suelen descomponerse, pero para

mayor seguridad conviene comprarlas en tiendas especializadas. Otro material que se está introduciendo es el corcho, con el cual podemos simular troncos o usarlo para forrar montículos de arena, pero debemos recordar que conviene fijarlo, ya que el corcho flota en el agua.

**Otros accesorios:**
Son innumerables la cantidad de figuras (columnas, barcos hundidos, buceadores, cofres con tesoros, esqueletos, etc.) que tenemos a nuestro alcance, pero debemos recordar que el acuario debe de ser un lugar para que se encuentren lo más cómodo posible los peces y no un sitio donde colocar nuestros adornos.

# GLOSARIO

Africans
Se refiere al cíclido de agua dulce de África. Estos peces viven en lagos de aguas muy duras y ligeramente saladas.

Agitador
Un dispositivo en el que mediante un cambio en las cabezas y a intervalos sin control, simula la acción de las olas del mar en el acuario.

Alcalinidad
Esta es la medida de la resistencia de una solución a los cambios en el pH. Se dice que algo es alcalino cuando tiene un pH superior a 7. La alcalinidad puede ser modificada añadiendo ácidos.

Alevines
Los peces recién nacidos

Algas
Plantas como organismos que crecen en el agua. Mientras muchas algas crecen como una pelusa o ensucian el lugar en donde viven, otras son útiles tanto como alimento como decorativas.

Almohadillas de adsorción moleculares
Se trata de forros de poliéster que se han tratado para absorber ciertas substancias del agua por procedimientos químicos. Esta forma de filtración

química a veces quitará elementos buenos, así como los contaminantes.

Amoniaco
El NH3 es uno de los pasos en el ciclo del nitrógeno. Es tóxico para la mayoría de las criaturas, y debe evitar que se forme en cualquier acuario.

Anaeróbico
Literalmente sin aire, se refiere a un área donde no hay nada de oxígeno disuelto en el agua. Mientras que es necesario para algunos procesos bacterianos, también puede ser muy perjudicial al generar sustancias indeseables.

Aragonite
La sustancia que constituye los esqueletos y la arena de coral. Es una forma de CaCO3.

Artemia
Se refiere a la gamba de la salmuera.

Branquias
Órganos por los cuales los peces extraen el oxígeno del agua.

Bomba de aire
Se trata de una bomba que proporciona aire para los tubos de filtración y oxigenación. El tipo más común es mediante un diafragma, aunque las

bombas de cilindros se usan más en los acuarios grandes.

## Bomba de cilindro
Es un tipo de bomba de aire que puede producir grandes volúmenes de aire, aunque son más ruidosas que las bombas de diafragma más comunes.

## Bomba de diafragma
El tipo más común de bomba de aire. Una gran variedad de marcas y estilos de la que están disponibles producen cantidades diferentes de aire, con diferentes volúmenes de ruido.

## Bomba dosificadora
Una bomba que puede proporcionar un goteo muy lento y que se usa para agregar elementos o recuperar el agua evaporada.

## Bombeo periastólico
Se trata de una bomba dosificadora que trabaja usando rodillos que aprietan una tubería flexible.

## Calentador
Dispositivo para calentar el agua del acuario. En el mercado encontraremos calentadores sumergibles, laterales o incluso para situar debajo del tanque.

## Carbón
Ver carbón activado.

Carbón activado
Se parece al carbón de leña desmenuzado. Puede absorber muchos compuestos que están en el agua, y es especialmente útil para aclarar el agua sucia. El carbón activado debe cambiarse regularmente, puesto que después de usarse mucho tiempo puede librar nuevas impurezas.

Chiller
Se trata de un dispositivo que refrigera el agua del acuario.

Cíclidos
Una familia de peces de agua dulce encontrada naturalmente en América del Sur y África. La mayoría de ellos son peces muy agresivos.

Ciclo del nitrógeno
El ciclo del nitrógeno se describe como el descanso de las basuras orgánicas en el acuario. El pez genera de manera natural estas basuras que al descomponerse generan amoniaco que es muy tóxico. Las bacterias Nitrosomonas procesan el amoniaco en nitrito que también es tóxico. Las bacterias Nitrobacter transforman entonces estos nitritos en nitratos que son mucho menos perjudiciales. Este es un ciclo que ocurre en la mayoría de los tanques, aunque bajo condiciones correctas, el nitrato está siempre bajo control.

## Cloramina

Esta sustancia se usa a veces como bactericida en los suministros de agua municipales. Es venenosa para los peces, pero puede quitarse con compuestos especiales. El cloro es diferente.

## Cloro

Esta sustancia normalmente es usada para potabilizar el agua de las ciudades. Es venenosa para los peces, pero puede quitarse con compuestos anticloro especiales, o aireando frecuentemente el agua del acuario.

## Cloruro de calcio

$CaCl_2$. Es una forma de calcio que puede agregarse para mantener el nivel del calcio en los acuarios. Sin embargo, se prefiere el hidróxido de calcio para modificar la alcalinidad o el equilibrio iónico.

## Dióxido de carbono

El gas $CO_2$ es un nutriente necesario para las plantas, y puede usarse para bajar el pH.

## Director

Un dispositivo que mide algunos parámetros del acuario. Consta de unos interruptores que abren y cierran diversos dispositivos, especialmente la temperatura y el pH.

## Deionización

Un proceso para filtrar el agua antes de agregarla al acuario. Las compuestas por resina se pueden recargar, aunque ello implica la utilización de productos químicos.

Detritus
Excrementos que se depositan en el suelo del acuario.

DLS
DLS (doble-codo espiral) es un material hecho enrollando una almohadilla de poliéster y una malla de alambre de plástico. Se usa en filtros biológicos y mecánicos.

Espumadera de proteínas
Este filtro químico, también llamado fraccionador de espuma, envía muchas pequeñas burbujas a través de una columna de agua separando así los compuestos orgánicos disueltos en el agua. Solamente son eficaces en agua salada. Pueden ponerse en el tanque, en un lateral, o en un sumidero.

Esterilizador ultravioleta
Un dispositivo que usa los rayos UV para matar las bacterias y otros organismos diminutos.

Estroncio
Este elemento es necesario para los corales, almejas, y otras criaturas que tienen esqueletos calcáreos y que crecen. Normalmente es frecuente agregarlo como cloruro de estroncio SrCl2.

Filtros
Los filtros son dispositivos que limpian el agua. De diversa utilidad y mecanismo, pueden situarse externamente al acuario o dentro, ser mecánicos, químicos o biológicos. Los eléctricos cerrados son los preferidos por los usuarios y suelen estar situados incluso a distancia del acuario. Todos pueden ser muy eficaces, siempre y cuando se efectúen periódicamente las labores de mantenimiento.

Filtración biológica
Estos filtros utilizan las modificaciones que hacen las bacterias con la basura del agua, transformándolas en sustancias que son menos tóxicas para los peces. Es un proceso conocido como el ciclo del nitrógeno. Algunos filtros son los de grava, filtros de esponja, y filtros de goteo.

Filtro de gravilla de marcha atrás
Esta variante de filtro de gravilla funciona en dirección opuesta y empuja el agua a través de la arena gruesa. Exige disponer de una bomba de agua y ser limpiado a menudo.

Filtración mecánica
Estos filtros quitan las partículas del agua mecánicamente.

Filtración química
Estos filtros usan procesos químicos para limpiar el agua. Los ejemplos son los disolventes de proteínas, el carbón activado o las resinas.

Filtro externo
Cualquier filtro no guardado dentro del acuario, pero conectado con mangas.

Filtros de burbuja
Estos filtros interiores usan un tubo para subir el agua a través de un bloque de espuma, como en un filtro de esponja.

Filtro de esponja
Este filtro proporciona una filtración mecánica y biológica. Consiste en un caucho de espuma grande (esponja) conectado a un tubo. El agua es arrastrada a través de la esponja y así quita las partículas pequeñas donde crecen las bacterias.

Filtro de goteo
Esta forma de filtro seco/húmedo proporciona un buen filtrado. Se gotea agua encima de algunos mecanismos de comunicación que también se exponen al aire y esto promueve una nitrificación muy eficaz. El agua puede gotear de una barra de rocío o mediante un recipiente de goteo.

Filtros interiores
Cualquier filtro que opera dentro del tanque. Los filtros de esponja son un ejemplo de ello.

Filtro potente
Se consideran así aquellos que se ponen en un lateral del tanque, internamente o externamente, y que contienen una bomba interior para expeler el agua. Proporcionan filtración mecánica, y opcionalmente química o biológica.

Filtro ultravioleta
Este filtro proporciona una filtración mecánica y otra biológica. Consiste en un plato perforado puesto en el fondo del acuario y cubierto de arena gruesa. Se tira el agua a través de la arena, bajo el plato, y a través de los tubos de alzamiento.

Fotosíntesis
Proceso por el cual las plantas absorben el dióxido de carbono y liberan oxígeno.

Fragmentación de la espuma
Disolución de las proteínas acumuladas.

Gamba de la salmuera
A veces vendida como monos del mar, esta gamba crece aproximadamente 1/4 de pulgada y se usa como una comida viva para los peces. Suelen salir del cascarón fácilmente y sus huevos pueden guardarse secos durante años.

Galón
Medida de capacidad inglesa que equivale a 4,54 litros.

### Hálide

Las luces de hálide son un tipo de bombilla que da una luz muy blanca y luminosa. Son lo más parecido que tenemos para simular la luz del sol, y se usan habitualmente en arrecifes y para iluminar las plantas de loa acuarios. Son muy eficaces en términos de potencia y temperatura de color. No hay que confundir estas luces con las de halógeno que no tienen una luz adecuada para el uso del acuario.

### Halógeno

Las luces halógenas no tienen una luz apropiada para el uso del acuario pues su temperatura de color es muy baja.

### Hidróxido de calcio

$Ca(OH)2$.

### Invertebrado

Se refiere a los animales sin espina dorsal.

### Kalkwasser

Se trata de un aditivo para aumentar la concentración de calcio en el agua. Es la manera preferida para mantener los niveles de calcio en un acuario con corales crecientes, almejas, y algas. Aproximadamente se emplea una cucharilla de $Ca(OH)2$ en polvo disuelto en un galón de agua pura.

Killifish
Esta familia de peces pequeños de agua dulce raramente se encuentra en tiendas de animales domésticos. Viven solamente un año y ponen huevos que pueden sobrevivir incluso en condiciones ásperas.

Luces actínicas
Actínicas son un tipo de luz fluorescente que es muy azul. Este es el color de luz más útil para la síntesis de la clorofila en la vida marina, y es el color del mar a una profundidad de 10 metros.

Nitrificación
El proceso por el cual el amoniaco se cambia a nitrito, después a nitrato, y finalmente a gas nitrógeno.

Nitrato
$NO_3$, éste es un producto del ciclo del nitrógeno. No es tóxico, aunque a niveles altos puede causar un poco de dolor. En un tanque debe mantenerse tan bajo como sea posible, menos de 10 ppm. Nunca debe sobrepasar los 30-40 ppm.

Nitrito
$NO_2$, éste es uno de los pasos en el ciclo del nitrógeno. Es tóxico para la mayoría de las criaturas, y debe evitarse que aumenten sus niveles en cualquier tanque.

Oligoelementos

Son compuestos químicos que necesitan en cantidades pequeñas las criaturas del acuario para sobrevivir, como las vitaminas. Deben aportarse junto con la comida, los cambios de agua, o en aditivos específicos.

Ósmosis inversa

Es un proceso para filtrar el agua antes de que se use en el acuario. Este proceso genera agua lentamente y gasta un par de galones de agua por cada galón de agua filtrada. Sin embargo, es uno de los métodos de purificar el agua más fáciles.

Ovíparos

Animales que ponen y fertilizan sus huevos fuera del cuerpo de la hembra.

Ozono

Es un gas, O3, muy reactivo. Se usa como un agente esterilizante para matar bacterias y organismos pequeños en el agua. Se usa en un reactor de ozono. Es importante no usar demasiado ozono, y filtrarlo adecuadamente antes de incorporarle al tanque, pues el ozono en exceso puede dañar a los peces y otras criaturas.

pH

Una medida que hay quien define como "el poder del Hidrógeno", o para diferenciar una solución como ácida o alcalina. Algunos peces son particularmente sensibles a ello y requieren algún pH específico, mientras que otros vivirán con cualquier valor. No obstante, la mayoría son sensibles a los cambios y solamente se pueden efectuar gradualmente.

## Piedra viva

Se trata de piedras extraídas en las proximidades de un arrecife de coral tropical, con todos sus elementos vivos e intactos. Normalmente tienen algas, esponjas, gusanos, crustáceos pequeños, pólipos y pilluelos. Las piedras vivas son una manera importante de construir un ecosistema completo y estable para un arrecife de coral.

## Power head

Se denominan así a las bombas sumergibles pequeñas. Poseen solamente un mecanismo impulsor y son útiles para crear corriente dentro de un tanque o actuar como filtros dentro de la gravilla.

## Prefilter

Se trata de un filtro mecánico pequeño sujeto a la entrada de otro filtro, normalmente biológico. Con ello se asegura que el biológico no queda obstruido por sustancias viscosas y puede conservar toda su efectividad.

## Pulidor

Es una sustancia que se disuelve en el agua para aumentar su alcalinidad y/o ajustar el pH. Pueden formularse pulidores para ajustar el pH a un valor particular, o para aumentar la alcalinidad.

### Reactor
Un dispositivo que agrega una sustancia al agua del acuario de una manera controlada. El ozono y el dióxido de carbono son los reactores más comunes. En ellos el agua de la cámara se bombea a través de un inyector junto con el aditivo.

### Redox
Redox, o potencial de oxireducción, es una medida de cómo se realizan las reacciones orgánicas. Es un indicador de la calidad del agua, medido en milivoltios con una sonda especial. Los valores más altos son los mejores. Mediante un productor de ozono se puede mejorar el potencial redox.

### Salobre
Se refiere al agua que contiene sal. También se denomina así al intermedio entre el agua dulce y el agua de mar. Varias especies prefieren agua de estas características.

### Sifón
Sistema por el cual pasa agua de un nivel elevado a otro más bajo.

### Sumidero
Un depósito de agua adicional, típicamente bajo el tanque, que sirve para alejar de la vista la suciedad o aumentar la cantidad de agua en un sistema.

Tubiflex
Gusanos pequeños que se encuentran en el fondo de los ríos y que se emplean como alimento para peces.

Turba
Esta forma de musgo seco puede usarse como un material filtrante para ablandar el agua y hacerla más ácida.

UGF
Filtro dentro de la gravilla.

Venturi
Un tipo de válvula que produce burbujas mediante el uso del aire pasando rápidamente por el agua fluida. A veces se usa en espumaderas de proteína.

Yodo
Un oligoelemento necesario para la vida en cantidades muy pequeñas, pero mortal a concentraciones más altas. Es necesario sobre todo para la muda de los crustáceos y para el crecimiento de los corales

Zeolite
Un sistema natural que absorbe el amoniaco y ablanda el agua. Es eficaz en agua fresca.